Clever studieren – mit der richtigen Finanzierung

Studiengebühren und Studienfinanzierung sind weiterhin heiß debattierte Themen, bei denen vieles noch nicht endgültig geklärt ist oder – teilweise durch Gerichtsurteil – wieder geändert wird. Bevor Sie also eine Entscheidung treffen, sollten Sie sich auf jeden Fall noch einmal nach dem aktuellen Stand der Dinge erkundigen.

4., vollständig aktualisierte Auflage, September 2011,
27. – 32. Tausend
© Verbraucherzentrale NRW, Düsseldorf

Das Werk einschließlich aller seiner Teile ist urheberrechtlich geschützt. Jede Verwertung, die nicht ausdrücklich vom Urheberrechtsgesetz zugelassen ist, bedarf der vorherigen Zustimmung der Verbraucherzentrale NRW. Das gilt insbesondere für Vervielfältigungen, Bearbeitungen, Übersetzungen, Mikroverfilmungen und die Einspeicherung und Verarbeitung in elektronischen Systemen. Das Buch darf ohne Genehmigung der Verbraucherzentrale NRW auch nicht mit (Werbe-)Aufklebern o. Ä. versehen werden. Die Verwendung des Buches durch Dritte darf nicht zu absatzfördernden Zwecken geschehen oder den Eindruck einer Zusammenarbeit mit der Verbraucherzentrale NRW erwecken.

ISBN 978-3-940580-90-0
Printed in Germany

Inhalt

7 Studienkosten

8 Allgemeine Kosten
- 8 Lebenshaltung
- 10 Versicherungen

23 Studiengebühren
- 23 Urteil des Bundesverfassungsgerichts
- 24 Pro und Kontra
- 26 Arten von Studiengebühren
- 27 Gebührenmodelle der Bundesländer
  - 29 Baden-Württemberg • 33 Bayern • 36 Berlin • 38 Brandenburg • 39 Bremen • 40 Hamburg • 43 Hessen • 46 Mecklenburg-Vorpommern • 47 Niedersachsen • 50 Nordrhein-Westfalen • 52 Rheinland-Pfalz • 55 Saarland • 56 Sachsen • 57 Sachsen-Anhalt • 58 Schleswig-Holstein • 60 Thüringen
- 61 Ausblick
- 62 Übersicht

65 Studienfinanzierung

66 Ausbildungsunterhalt
- 66 Grundsätzliches
- 67 Wann und wie lange Eltern zahlen müssen
- 69 Bar- oder Naturalunterhalt
- 70 Wie viel gezahlt werden muss
- 72 Was passiert, wenn Eltern nicht zahlen
- 74 Wie Eltern entlastet werden

76 BAföG
- 77 Wer gefördert wird
- 78 Was vorausgesetzt wird
- 79 Was neu ist
- 81 Wie sich der Fördersatz berechnet
- 86 Wie lange gefördert wird
- 87 Wie, wann und wo der Antrag gestellt wird
- 91 Was beim Studienabbruch oder Fachwechsel geschieht
- 92 Wie zurückgezahlt wird
- 93 Wann ein Auslandsaufenthalt gefördert wird

95 Studiendarlehen
- 95 Welche Arten es gibt
- 97 Studienkredite
- 111 Bildungskredit der KfW
- 113 Bildungsfonds

122 Stipendien
- 122 Wissenswertes
- 124 Was zu beachten ist
- 126 Wie hoch die Förderung ist
- 128 Parteinahe Stiftungen
- 134 Konfessionelle Stiftungen
- 136 Stiftungen ohne Selbstbewerbung
- 139 Wirtschaftsnahe Stiftungen
- 142 Deutschlandstipendium
- 144 Auslandsstipendien

148 Jobben
- 148 Wichtige Infos
- 153 Minijob
- 158 Niedriglohnjob
- 160 Kurzfristige Beschäftigung
- 162 Studentische Hilfskraft
- 163 Praktikum
- 165 Selbstständigkeit

169 Sozialleistungen
- 169 Wohngeld
- 175 Sozialgeld

178 Vergünstigungen
- 178 GEZ
- 180 Telekommunikation
- 182 Girokonto
- 182 Studentenausweis
- 184 Fahrpreisermäßigungen

185 Service
- 186 Info-Adressen
- 192 Stichwortverzeichnis
- 198 Impressum

Vorwort

Studieren war noch nie besonders preiswert. Seit aber in einigen Bundesländern Studiengebühren eingeführt wurden, verteuert sich diese Art der Ausbildung noch einmal massiv. Ob die damit verbundenen Ziele, wie beispielsweise eine Verbesserung der Lehre, mit diesem Mittel erreicht werden oder ob am Ende die sozial Schwächeren auf der Strecke bleiben, wird sich noch erweisen.

Doch für die Betroffenen bleibt keine Zeit. Sie müssen jetzt rechnen, ob sie sich unter diesen Voraussetzungen ein Studium überhaupt leisten können. Viele Studierende und Abiturienten (und ihre Eltern) fürchten, dass sie mit der Finanzierung überfordert sind. Unser Rat: Lassen Sie sich nicht entmutigen, sondern kümmern Sie sich jetzt noch intensiver als bisher um die finanziellen Mittel, die zur Verfügung stehen. Denn die gute Nachricht lautet: Es ist öffentliches Geld vorhanden, in Form von Stipendien, BAföG, Darlehen und vielem mehr. Sie müssen es nur in Anspruch nehmen.

Dieses Buch hilft Ihnen, bei der Vielzahl der Förderungs- und Darlehensmodelle den Überblick zu behalten, die verschiedenen Angebote miteinander zu vergleichen, Konsequenzen einzuschätzen und die für Sie individuell richtige Entscheidung zu treffen. Außerdem erfahren Sie, was Sie beim Jobben beachten müssen, um Nachteile bei Steuern und Sozialversicherungspflicht zu verhindern.

Kosten vermeiden hilft beim Sparen. Deshalb finden Sie hier ebenfalls eine Auflistung der Bundesländer und ihrer Politik hinsichtlich der Erhebung von Studiengebühren. So können Sie, wenn Sie keinen ZVS-Studiengang wählen, eine Uni auch nach diesem Kriterium auswählen.

Wer gut informiert ist, braucht auch unter verschärften Bedingungen nicht auf ein Studium zu verzichten. In diesem Buch finden Sie Infos und Tipps zu allem, was wichtig ist und Sie bei Ihren Planungen benötigen.

Auf ein erfolgreiches Studium!

Studienkosten

Allgemeine Kosten

Vor der Frage, wie ein Studium finanziert werden kann, muss erst einmal klar sein, von welcher Summe die Rede ist. Also wie viel ein Studium in Deutschland überhaupt kostet.

Lebenshaltung

Studieren ist ein teurer Spaß. Teuer machen es jedoch nicht nur die Studiengebühren, die von einigen Bundesländern eingeführt wurden, sondern vor allem die hohen Lebenshaltungskosten. Sie sind derzeit der größte Kostenfaktor. Eine pauschale Summe zu nennen ist schwierig. Denn wie hoch sie sind, hängt von vielen Dingen ab: Ob ein Studierender allein, in einer Wohngemeinschaft oder bei den Eltern lebt, ob er zu seiner Uni pendeln muss und davon, welche persönlichen Ansprüche er hat. Auch Alter, Geschlecht und der Hochschulort spielen eine große Rolle.

> **Wer sich Student nennen darf**
>
> Als Studierender gilt, wer an einer staatlich anerkannten Hochschule, Fachhochschule oder Kunsthochschule immatrikuliert ist. Nur diese Personen genießen studentische Rechte und haben Anspruch auf entsprechende Vergünstigungen. Schülerinnen und Schüler an Abendschulen oder privaten Akademien haben nicht den gleichen rechtlichen Status.

Das Deutsche Studentenwerk hat in seiner 19. Sozialerhebung von 2009 herausgefunden, dass ein Normalstudent in Deutschland durchschnittlich 281 Euro pro Monat für Miete samt Nebenkosten ausgibt. Hinzu kommen rund 286 Euro für Lebensmittel, Kleidung und Fahrtkosten. Für Lernmittel, Krankenversicherung und Medikamente werden im Schnitt 92 Euro ausgegeben. Zusätzlich rund 35 Euro für Telefon, Internet und GEZ. Macht zusammen rund 700 Euro im Monat – durchschnittlich! Eine ganze Menge Geld, das erst einmal aufgebracht werden will. Dazu addieren sich noch Ausgaben für Kinokarten, Kneipenbesuche und Ähnliches. Bei einer Studiendauer von sechs Jahren an einer deutschen Universität summieren sich diese Kosten auf rund 50 000 Euro. Ein Fachhochschulstudium von viereinhalb Jahren schlägt mit knapp 37 500 Euro zu Buche. Die Kosten sind damit im Vergleich zur letzten Sozialerhebung von 2006 um rund 2 000 Euro leicht gestiegen.

Miete

Der größte Posten sind die Mietausgaben. Sie verschlingen mit durchschnittlich 281 Euro rund ein Drittel des studentischen Budgets. Doch es geht auch günstiger: Wer sparen möchte, zieht am besten in ein Studentenwohnheim. Dort kostet ein Zimmer im Schnitt 222 Euro. Für eine eigene Wohnung müssen durchschnittlich 341 Euro auf den Tisch gelegt werden. Studierende in Chemnitz geben dafür übrigens in der Regel 210 Euro aus, wohingegen sie in München 348 Euro auf den Tisch legen müssen. Als Faustregel gilt: je größer die Stadt, desto höher normalerweise die Ausgaben für Miete und Nebenkosten.

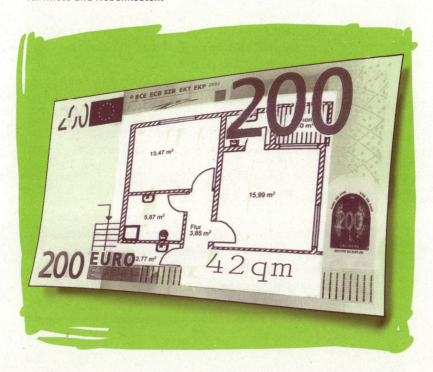

Lernmittel

Ein Studium ohne Bücher ist undenkbar. Üblicherweise stehen in den universitären Bibliotheken alle wichtigen Werke. Doch seit auch die deutschen Hochschulen auf Sparkurs sind, müssen sich viele Studenten wichtige Bücher selbst anschaffen. Bei akuter Geldnot lassen die sich auf Verkaufsplattformen im Internet kaufen und wieder verkaufen, um an neues Kapital zu kommen. Gibt der Geldbeutel für größere Buchkäufe nichts her, sind viele zum Kopieren verdammt. Eine Beschäftigung, die zahllose Stunden eines Studentenlebens in Anspruch nimmt und zudem teuer ist. Dann will noch ein Computer oder Laptop bezahlt werden, der mittlerweile zur Standardausstattung eines jeden Studierenden gehört, plus Internetzugang und vieles mehr. Alle diese Ausgaben zusammengerechnet, muss jeder Student laut Studentenwerk im Monat durchschnittlich 33 Euro für Lernmittel aufwenden. Die tatsächliche Höhe der Ausgaben hängt jedoch stark vom eigenen Budget, der Motivation und dem Studienfach ab.

Fahrtkosten

Irgendwie muss jeder zur Uni kommen. 90 Prozent der Studierenden müssen Geld für Auto, Motorroller oder öffentliche Verkehrsmittel ausgeben, derzeit im Schnitt rund 76 Euro pro Monat. Viel Geld für ein studentisches Budget, weshalb die Zahl derer, die sich ein eigenes Auto leisten können, in den letzten Jahren gesunken ist (⟶ „Fahrpreisermäßigungen", Seite 184).

Versicherungen

Dass sie zum Auto eine Kfz-Haftpflichtversicherung brauchen, wissen die meisten Studierenden. Unklar ist vielen jedoch, welche Versicherungen sonst nötig sind. Gerade zu Beginn der Unizeit haben Studenten oft Wichtigeres im Kopf und hoffen, dass die Eltern sich darum kümmern. Doch die kennen sich in der Regel selbst nicht richtig aus, schon gar nicht mit studentischen Besonderheiten. Das Angebot ist ja auch verwirrend: Hausrat-, Privathaftpflicht-, Berufsunfähigkeits-, Unfall- und Krankenversicherung – was braucht ein Student wirklich? Bevor Sie in die Überversicherungsfalle tappen und viel Geld investieren, sollten Sie sorgfältig abwägen, welche speziell für Sie infrage kommen. Denn überversichert zu sein ist genauso schlecht wie gar nicht abgesichert. Das führt nur dazu, dass das Geld an anderer Stelle fehlt.

Kranken- und Pflegeversicherung

Krankenversicherung, Pflegeversicherung, Unfallversicherung, Arbeitslosenversicherung, Rentenversicherung – diese fünf bilden in Deutschland die sogenannte gesetzliche Sozialversicherung. Doch nicht alle sind Pflicht für Studierende: nur die Kranken- und Pflegeversicherung. Bis zum Ende des 25. Lebensjahres brauchen Studenten nicht zwangsläufig eine eigene, sondern können sich über die gesetzliche Krankenkasse eines Elternteils familienversichern. Das geht so lange, wie ein Student gar nicht arbeitet oder nur geringfügig beschäftigt ist (⇢ „Wichtige Infos", Seite 148 ff.). Die Familienversicherung, die im Übrigen kostenlos ist und bisher von der Solidargemeinschaft der Versicherten getragen wird, ist allerdings nur dann eine Option, wenn mindestens ein Elternteil in einer gesetzlichen Kasse versichert ist. Dieser besondere studentische Status endet mit dem 25. Geburtstag. Eine Wehr- oder Zivildienstzeit sowie ein Einsatz im Rahmen des Bundesfreiwilligendienstes (BFD) verlängern die Familienversicherung um die Dienstpflichtzeit.

Hat ein Student seinen 25. Geburtstag schon hinter sich und/oder verdient er mehr als 400 Euro in einem Minijob, kann er sich nicht mehr beitragsfrei über die Eltern familienversichern.

> **» Krankenversicherung**
>
> Auch Schüler und Studenten müssen sich kranken- und pflegeversichern. Sie haben jedoch das Glück, dass sie in der Regel bis zum Ende des 25. Lebensjahrs über die gesetzliche Kasse der Eltern kostenlos familienversichert sind.
>
> Falls sich ein Student für ein oder mehrere Semester im Ausland befindet, kann die Familienversicherung enden, da ein Wohnsitz in Deutschland Voraussetzung ist. Ab dem 26. Lebensjahr gibt es von nahezu allen Versicherern spezielle Studentenkonditionen, die wesentlich günstiger sind als freiwillige Krankenversicherungstarife. Auch Studierende, deren Eltern privat versichert sind, können bei deren Kassen günstigere Tarife bekommen.

Gleiches gilt, wenn das monatliche Gesamteinkommen (im Jahr 2011) 365 Euro übersteigt. Das geht grundsätzlich auch dann nicht, wenn ein Elternteil privat versichert ist, monatlich mehr als 4 125 Euro brutto (Stand: 2011) verdient und das Einkommen regelmäßig höher ist als das des gesetzlich versicherten Elternteils. Gleiches gilt für den Ehepartner eines Studierenden. In diesen Fällen und wenn beide Eltern privat versichert sind, brauchen Studenten eine eigene Krankenversicherung: Ob gesetzlich oder privat ist dabei egal. Der Beitragssatz der gesetzlichen Krankenversicherung der Studenten (KVdS) ist bei allen Kassen gleich hoch und zuletzt zum 1. April 2011 angepasst worden. Derzeit werden monatlich 64,77 Euro fällig. Dazu kommen noch 13,13 Euro Pflegeversicherung bei Kinderlosen über 23. Sind die Studierenden bereits Eltern, sinkt der Beitrag auf 11,64 Euro.

Wer schon vor Beginn des Studiums über die Eltern privat versichert war und das auch weiterhin bleiben möchte oder wer sich neu privat versichern will, kann sich von der gesetzlichen Versicherungspflicht befreien lassen. Dieser Antrag muss innerhalb von drei Monaten nach Beginn des Studiums gestellt werden. Die Befreiung will aber gut überlegt sein, da sie für den Rest des Studiums bindend ist. Man kann also nicht wieder zurück in die gesetzliche Krankenversicherung, selbst wenn es sich als günstiger herausstellen sollte.

Die meisten Studenten werden nach dem Studium wieder versicherungspflichtig, weil ihr Einkommen zu niedrig ist. Dann müssen/können sie zurück in die gesetzliche Krankenversicherung. Die Kosten für die private Versicherung mit Beiträgen zwischen 80 und über 200 Euro monatlich sind fast doppelt so hoch wie die für die gesetzliche.

Kinder von Beamten sind übrigens beihilfeberechtigt. Das heißt, dass den Eltern zwischen 50 und 80 Prozent der Krankheitskosten erstattet werden. Für den Rest müssen sie eine private Krankenversicherung abschließen. Dafür bieten die

Kassen günstigere Studententarife. Die Beihilfeberechtigung gilt nur, solange die Eltern Anspruch auf Kindergeld haben, also meist bis zum Ende des 25. Lebensjahres. Danach wird der volle PKV-Beitrag fällig.

Für Langzeitstudenten wird die Krankenversicherung teurer. Mit dem 14. Fachsemester oder dem vollendeten 30. Lebensjahr endet die studentische Pflichtversicherung nämlich offiziell. Unter bestimmten Voraussetzungen können Studierende auch darüber hinaus noch den günstigen Satz zahlen. Beispielsweise dann, wenn sie behindert sind, ein Kind bekommen und es anschließend betreuen oder über den zweiten Bildungsweg die Hochschulreife erlangt haben.

Trifft das alles nicht zu, können sich Studierende bis drei Monate nach dem Ende der studentischen Pflichtversicherung bei einer gesetzlichen Krankenkasse freiwillig versichern. Es ist wichtig, diese Frist einzuhalten! Denn danach besteht keine Möglichkeit mehr, in die gesetzliche Krankenkasse aufgenommen zu werden. Dann kommt nur noch eine – teure – private Krankenversicherung in Betracht.

Voraussetzung für die freiwillige gesetzliche Krankenversicherung ist, dass man in den vergangenen zwölf Monaten durchgängig oder in den letzten fünf Jahren mindestens 24 Monate gesetzlich versichert war. Studierende, die sich dafür entscheiden, profitieren in der Regel bis zum Studienabschluss – allerdings maximal sechs Monate lang – von einem Übergangstarif in der Abschlussphase. Dieser liegt derzeit bei 92,41 Euro für die Krankenversicherung plus Pflegeversicherungsbeitrag in Höhe von 18,74 Euro (für Kinderlose über 23 Jahre), mit Kindern liegt er bei 16,61 Euro. Dieser Beitragssatz gilt bei einem monatlichen Bruttoeinkommen bis 851,67 Euro. Liegt das über dieser Grenze, werden 10,85 Prozent des jeweiligen Bruttoeinkommens als Beitragssatz fällig plus für die Pflegeversicherung 1,95 Prozent bzw. 2,2 Prozent für Kinderlose (Stand: Juni 2011).

Wer nicht in die studentische Krankenversicherung passt (weil er zu alt ist oder zu lange studiert) und auch den oben genannten Übergangstarif nicht (mehr) in Anspruch nehmen kann, für den bleibt nur eine „normale" freiwillige Versicherung in einer gesetzlichen Krankenkasse – oder einer privaten. Dann gilt der Mindestbeitrag für freiwillig Versicherte der jeweiligen Krankenkasse. Aber nur, wenn das Einkommen für Studierende nicht untypisch hoch ist und man sonst nicht von seinem Sonderstatus profitieren kann (Beispiel: Werkstudentenprivileg ⇢ Seite 151 f.). Dieser Tarif für freiwillig Versicherte liegt seit Januar 2011 einheitlich bei 126,90 Euro (der ermäßigte Beitragssatz von derzeit 14,9 Prozent für freiwillig versicherte Mitglieder ohne Krankengeldanspruch angewendet auf die 851,67 Euro gesetzliche Mindestgrenze).

> **Zuschuss für BAföG-Empfänger**
>
> BAföG-Empfänger haben es gut: Sie bekommen Zuschüsse zur Kranken- und Pflegeversicherung – unabhängig davon, ob sie gesetzlich oder privat versichert sind. In der Regel gibt es 54 Euro für die Kranken- und 10 Euro für die Pflegeversicherung extra.

All das soll die Bummler zu einem schnelleren Abschluss anregen und vermeiden, dass Scheinstudenten die Kassen belasten. Ein bisher offenbar von der Politik kaum erkanntes Problem ist die Tatsache, dass heutzutage auch Akademiker nach dem Studium nicht sofort eine Stelle finden. Rund sechs Monate nach dem Abschluss endet die Gnadenfrist. Dann müssen sich alle, die bis dahin keinen Arbeitgeber haben, eigenständig versichern. Das kann Abgänger schnell in die finanzielle Bredouille bringen. Auf der einen Seite fallen BAföG und studentische Vergünstigungen weg, auf der anderen schlägt die Krankenversicherung richtig zu. Ein Grund, warum viele während der Jobsuche pro forma ein Zweit- oder Aufbaustudium dranhängen, um sich weiter günstiger studentisch krankenversichern zu können.

Zusammengefasst: Eine Krankenversicherung ist oberste Pflicht für jeden Studenten. Und dank der einheitlichen Beitragssätze und der Möglichkeit, sich in einer gesetzlichen Kasse familienzuversichern, ist sie auch bezahlbar.

Auslandsreise-Krankenversicherung

Nicht nur auf Reisen, sondern auch und besonders während eines Praktikums oder Studienjahrs im Ausland ist eine Auslandsreise-Krankenversicherung ein Muss. Denn die Krankenkasse zahlt im Notfall nur die Behandlung vor Ort und nur innerhalb der EU und in Staaten, mit denen Deutschland ein Sozialversicherungsabkommen geschlossen hat. Die Kosten für einen eventuellen Rücktransport nach Hause übernimmt sie nicht. Das bedeutet beispielsweise, dass ein Austauschstudent, der nicht zusätzlich krankenversichert ist, in den USA die hohen Kosten vor Ort bar aus eigener Tasche bezahlen muss.

Besonders wichtig ist es, bei der Reiseversicherung auf den Langzeitschutz zu achten. Denn die üblichen Policen gelten in den meisten Fällen zwar für mehrere Reisen, aber meist nur für 42 Tage am Stück. Ein solcher Vertrag ist eher für eine Auslandsreise geeignet. Die Preisunterschiede sind enorm, weshalb ein kritischer Vergleich grundsätzlich angeraten ist. Für Reisen zwischen 90 Tagen und einem Jahr liegen die Preise für einen guten weltweiten Schutz zwischen 45 Euro und rund 3 600 Euro. Der Preis hängt von der Dauer der Reise, dem Ziel und dem Alter ab. Grundsätzlich gilt: Je länger die Reise oder Aufenthaltsdauer im Ausland, desto teurer die Auslandsreise-Krankenversicherung. Sie sollten sich für einen Vertrag ohne Selbstbehalt entscheiden, denn der wird für jede Krankheit erneut fällig.

> **Automatische Verlängerung**
>
> Denken Sie daran, dass sich ein Jahresvertrag für eine Auslandsreise-Krankenversicherung in der Regel automatisch um ein weiteres Jahr verlängert, wenn er nicht rechtzeitig gekündigt wird. Die Kündigungsfrist beträgt normalerweise drei Monate.

Zusammengefasst: Wer in der Welt herumreist oder im Rahmen des Studiums für längere Zeit ins Ausland geht, sollte auf jeden Fall eine Auslandsreise-Krankenversicherung – je nach Dauer des Aufenthalts gegebenenfalls mit Langzeitschutz – abschließen. Günstige und gute Angebote finden Sie auf der Internetseite der Stiftung Warentest, die solche Versicherungen regelmäßig testet: www.test.de.

Private Haftpflichtversicherung

Rund ein Drittel der Deutschen ist nicht privat haftpflichtversichert. Dabei ist diese Versicherung eine der wichtigsten überhaupt. Wird beispielsweise durch einen schweren Verkehrsunfall ein Unfallbeteiligter arbeitsunfähig, können die Kosten schnell in die Millionen gehen. Der Schuldige zahlt dann ein Leben lang. Um vor solchen finanziellen Ansprüchen geschützt zu sein, brauchen auch Studenten eine Privathaftpflicht. In der Regel gilt die Police der Eltern bis zum Ende der ersten Ausbildung zusätzlich für die Kinder. Also auch während des Zivil-, Wehr- oder Bundesfreiwilligendienstes und des Studiums. Vorausgesetzt, die Eltern sind überhaupt haftpflichtversichert. War ein Studierender vor Beginn seines Studiums bereits berufstätig, muss er sich grundsätzlich selbst versichern.

Die Haftpflicht-Police sollte pauschal Personen- und Sachschäden bis mindestens 3 Millionen Euro abdecken und möglichst eine sogenannte Forderungsausfalldeckung enthalten. Die ist wichtig, falls derjenige, der Ihnen einen Schaden zufügt, weder versichert ist noch zahlen kann. Dann übernimmt Ihre eigene Haftpflicht die Ihnen entstandenen Kosten. Insgesamt müssen Sie für einen sehr guten Schutz mit einem Beitrag zwischen 50 und 150 Euro pro Jahr rechnen. Billiger wird es bei jährlicher Zahlung und einer Selbstbeteiligung. Sie lohnt sich in der Regel jedoch nicht, da Sie dann alle kleineren Schäden selbst bezahlen müssen. Übrigens sind Radfahrer generell über die private

Privathaftpflicht

Diese Versicherung springt ein, wenn Sie zum Beispiel aus Versehen das Eigentum anderer beschädigt haben.

Beispiel: Die Waschmaschine läuft aus, und das Wasser tropft bei Ihrem Nachbarn eine Etage darunter auf die Einrichtung.

Gesetzlich vorgeschrieben ist die private Haftpflicht nicht. Dennoch sollten Sie nicht darauf verzichten, da sie zu den wichtigsten Versicherungen gehört. In der Regel sind Studenten bis zum Ende ihres Studiums über die Eltern mitversichert – sofern die eine Haftpflichtversicherung haben.

Studentenstatus melden

Sie sollten Ihren Studentenstatus auf jeden Fall der elterlichen Haftpflichtversicherung melden. Dabei können Sie gleich nachfragen, ob der Schutz auch weiterhin gilt, wenn Sie Ihren Hauptwohnsitz in die Unistadt verlegen.

Eine für beide

Paare, die zusammenleben und einen gemeinsamen Wohnsitz haben – ob verheiratet oder unverheiratet –, können gemeinsam eine private Haftpflichtversicherung abschließen. Haben beide bereits einen Vertrag, sollte man die jüngere Police sofort kündigen und den Partner in die ältere einschließen lassen; eine bestimmte Frist muss nicht eingehalten werden.

Versicherungen 17

Haftpflicht abgesichert, Hobbyfußballer während eines Fußballspiels dagegen nicht, da in der Regel kein Schadenersatzanspruch gegeben ist. Dann muss die private Haftpflichtversicherung auch nicht zahlen.

Zusammengefasst: Eine private Haftpflichtversicherung gehört zu den wichtigsten Versicherungen – auch für Studierende. In der Regel gelten die Policen der Eltern während der ersten Ausbildung auch für die Kinder. Günstige Angebote gibt es ab rund 50 Euro jährlich.

Private Unfallversicherung
Studenten sind während der Zeit, die sie in der Uni verbringen sowie auf dem Weg dorthin und zurück automatisch über die gesetzliche Unfallversicherung abgesichert. Das gilt sogar für den Hochschulsport. Interessant wird es, wenn jemand in seiner Freizeit viel Sport treibt. Denn die meisten

Allgemeine Kosten

Unfälle passieren bei Beschäftigungen wie Fußball, Handball oder Inlineskaten. Diese Risiken sichert – wie auch Extremsportarten – eine private Unfallversicherung ab. Es ist für manche also durchaus sinnvoll, darüber vorzusorgen. Allerdings sollte man wissen, dass der Versicherte von der privaten Unfallversicherung in der Regel nur dann Geld bekommt, wenn er durch einen Unfall einen bleibenden Gesundheitsschaden erleidet – sprich invalid ist. Bei Verletzungen, die wieder vollkommen verheilen, gibt es – wenn überhaupt – Schmerzensgeld. Das Gute an der privaten Unfallversicherung ist, dass sie im Fall der Fälle unabhängig davon zahlt, ob andere Versicherungen auch leisten. Das kann also bedeuten, dass Sie zusätzlich zur Leistung der gesetzlichen Unfallversicherung noch durch die private entschädigt werden: selbst dann, wenn jemand anderes haftbar ist und Ihnen Schadenersatz leisten muss.

> **» Gesetzliche Unfallversicherung**
>
> In Deutschland gehört die gesetzliche Unfallversicherung zur Sozialversicherung. Darin kann man freiwillig oder pflichtversichert sein. Studierende gehören zur letzteren Gruppe. Das bedeutet jedoch nicht, dass sie Beiträge zahlen müssen. Die übernimmt die Institution, die der Versicherte regelmäßig besucht, in diesem Fall also die Hochschule.

Wer eine Berufsunfähigkeitsversicherung (⇢ Seite 19 f.) hat, braucht keine private Unfallversicherung. Zudem schließen viele Studentenwerke mittlerweile eine Freizeitunfallversicherung für die von ihnen betreuten Studierenden ab, die bei Freizeit-, Sport- oder ähnlichen Unfällen bis hin zum Todesfall auch im Ausland gilt. Am besten fragen Sie beim Studentenwerk oder AStA nach, ob es das auch an Ihrer Hochschule gibt.

Zusammengefasst: Eine private Unfallversicherung lohnt sich gerade für Studenten, die risikoreiche Sportarten wie Klettern, River-Rafting, Fallschirmspringen oder Mountainbiking betreiben. Sie gehört nicht zu den wichtigsten Versicherungen, ist aber für diese Gruppe empfehlenswert, insbesondere wenn keine Berufsunfähigkeitsversicherung besteht. Gute Versicherungen gibt es ab 100 Euro.

Berufsunfähigkeitsversicherung

Was passiert, wenn Sie als Student einen schweren Unfall haben und sich nicht mehr selbst versorgen können? Was, wenn Sie Ihr Leben lang arbeitsunfähig sind? Dass Sie in einer solchen Situation nicht allein auf Ihre Eltern angewiesen sind, sichert eine Berufsunfähigkeitsversicherung ab. Denn Auszubildende und Studenten können sich nicht auf die gesetzliche Rentenversicherung verlassen, da sie keinen Anspruch auf die (ohnehin viel zu geringe) Erwerbsminderungsrente des Staates haben. Dafür muss man mindestens fünf Jahre Mitglied in der gesetzlichen Rentenversicherung gewesen sein und die letzten drei Jahre Beiträge geleistet haben. Gegen Berufsunfähigkeit sind seit 2001 nur noch Personen abgesichert, die vor dem 2. Januar 1961 geboren wurden. Deshalb schadet es nicht, sich möglichst frühzeitig gegen Berufsunfähigkeit abzusichern. Allerdings ist so eine Versicherung kostspielig. Wichtig ist ein solcher Versicherungsschutz allemal, aber die Frage, inwieweit man alle Eventualitäten und Risiken ab- und versichern kann, muss jeder für sich selbst beantworten und danach entscheiden.

> **Berufs- und Erwerbsunfähigkeit**
>
> **Berufsunfähig** ist, wer dauerhaft durch andauernde Einschränkung seinen Beruf nicht mehr ausüben kann. Gründe dafür können eine Krankheit, körperliche Verletzung oder ein Kräfteverfall sein, womit gemeint ist, dass ein Mensch zu schwach ist, seinen Beruf auszuüben. Diese Voraussetzungen für eine Berufsunfähigkeit müssen ärztlich festgestellt sein.
>
> Im Vergleich dazu ist die **Erwerbsunfähigkeit** (auch Erwerbsminderung genannt) die Unfähigkeit eines Einzelnen, durch Arbeit seinen Lebensunterhalt verdienen zu können: ob aufgrund einer geistigen oder einer körperlichen Krankheit. Wer gar keiner Betätigung nachgehen kann, hat also einen Anspruch darauf, seinen Lebensunterhalt aus der Rentenkasse bestreiten zu können.

Fällt das Votum positiv aus, sind neben den Kosten die Einstiegshürden ein Problem. Studierende können sich häufig während der Studienzeit nur gegen Erwerbsunfähigkeit absichern. Im Ernstfall bedeutet das, dass ein Student nur dann Rente bekommt, wenn er überhaupt keine Tätigkeit mehr ausüben kann: eine hohe Hürde im Vergleich zur Berufsunfähigkeit. Es ist jedoch in der Regel möglich, diesen Erwerbsunfähigkeitsschutz gegen Ende des Studiums, zum Beispiel in den letzten zwei Semestern oder beim Einstieg in den Beruf, in einen Berufsunfähigkeitsschutz umzuwandeln. Achten Sie also am besten schon vor Vertragsabschluss darauf, welche Möglichkeit Ihnen offensteht.

Erst in der letzten Zeit mehren sich die Anbieter, die künftigen Gutverdienern den vollen Schutz bereits ab Beginn des Studiums anbieten. Dann heißt es zugreifen, falls Sie die finanziellen Möglichkeiten haben. Denn je früher Sie eine Berufsunfähigkeitsversicherung abschließen, desto besser. Je jünger und gesünder Sie sind, umso leichter kommen Sie an einen Vertrag. Wer es einmal geschafft hat und drin ist, bleibt auch drin und kann beispielsweise über eine sogenannte Nachversicherungsgarantie seine (Berufsunfähigkeits-)Rente später ohne erneute Gesundheitsprüfung erhöhen. Weil der Preis für den Versicherungsschutz von Faktoren wie Eintrittsalter, Geschlecht, Vertragslaufzeit, vereinbarter Rentenhöhe und Berufsgruppe abhängt, ist schwer zu sagen, was eine Police genau kostet. Sehr gute Angebote für Studenten gibt es von 300 bis 1 000 Euro jährlich. Macht Ihr Geldbeutel das derzeit nicht mit, sollte für Sie gelten: bis nach dem Studium aufgeschoben, aber nicht aufgehoben.

> **Welche Versicherung passt?**
> Genaueres zu den Preisen für eine Berufsunfähigkeitsversicherung finden Sie auf der Homepage der Stiftung Warentest. Die hat Mitte 2005 Versicherer auch unter dem Aspekt getestet, ob sie Studierenden guten Schutz bieten. Mehr unter www.test.de, Stichwort: Berufsunfähigkeit. Hilfe bietet auch das Buch „Berufsunfähigkeit gezielt absichern", → Seite 198.

Zusammengefasst: Das Geld für eine Berufsunfähigkeitsversicherung haben wohl die wenigsten Studenten. Unfallversicherungen sind zwar keine Alternative, bieten aber zumindest punktuellen Versicherungsschutz.

Hausratversicherung

Das Leben ist voller Risiken: Dazu gehören auch Brände oder Diebstahl. Unter anderem für diese Fälle gibt es die Hausratversicherung. Sie sichert persönliches Eigentum wie Möbel, Kleidung oder Schmuck ab und zahlt auch, wenn ein Blitz einschlägt oder bei sonstigen Sturm- und Leitungswasserschäden. Für Studenten lohnt sich eine eigene Hausratversicherung in der Regel nicht. Falls die Eltern eine haben und Sie noch mit Ihrem Hauptwohnsitz bei ihnen gemeldet sind, ist Ihr Hausrat sowieso darüber mit abgesichert. Falls nicht, haben die wenigsten Studierenden Wertgegenstände, die sie absichern müssten.

Wer seinen Erstwohnsitz in einem Wohnheim hat und beispielsweise einen Laptop und eine Stereoanlage besitzt, kann über den Abschluss einer Police nachdenken. Denn eine Hausratversicherung ist nicht besonders teuer und ersetzt im Schadensfall den Neupreis der Sachen. Die Höhe der Beiträge hängt von der Stadt und Wohngegend ab: Günstige Versicherungen gibt es bereits ab rund 50 Euro jährlich.

Zusammengefasst: Die Hausratversicherung gehört für Studenten nicht zu den wichtigsten Versicherungen, es sei denn, Sie wohnen in einem Wohnheim und besitzen viele wertvolle Dinge. Haben Ihre Eltern eine, sollten Sie bei dem Versicherer nachfragen, ob sie auch weiterhin für Sie gilt, wenn Sie in einem Wohnheim in der Unistadt leben. Dann heißt es wie in jedem anderen Fall auch: für den Schadensfall fleißig Quittungen und Belege sammeln.

Fahrradversicherung

Ein typisches Utensil des Studentenlebens ist das Fahrrad, für viele das wichtigste Fortbewegungsmittel während der Unizeit. Je teurer, desto mehr schmerzt der Verlust. Knapp eine halbe Million Fahrräder wird jährlich in Deutschland geklaut. Die Polizei klärt jedoch nur rund 9 Prozent der Diebstähle auf. Grund genug, ein teures Rad zu versichern. Günstige Anbieter versichern in der Regel nur gegen Diebstahl. Je mehr Geld Sie zu zahlen bereit sind, desto mehr Schutz bekommen Sie für Ihren Drahtesel auch bei Unfallschäden oder gewaltsamer Beschädigung. Daher lohnt sich eine spezielle Fahrradversicherung eigentlich nur, wenn das

Rad sehr teuer ist, nachts immer draußen steht oder Sie keine Hausratversicherung haben, über die das Rad mitversichert ist.

Wie hoch der Beitrag ist, hängt in der Regel vom Wohnort ab. Lebt der Versicherungsnehmer in einer für Fahrräder gefährlichen Gegend, steigen die Zuschläge. Für ein Fahrrad, das rund 500 Euro wert ist, müssen Sie zwischen 50 und 115 Euro im Jahr veranschlagen. Bei 1 000 Euro Wert sind es sogar zwischen 100 und 160 Euro. In vielen Fällen fahren Studenten also mit einer Hausratversicherung, die Fahrräder umfasst, billiger. Dann darf der fahrbare Untersatz allerdings in der Regel nur nachts draußen stehen, wenn Sie abends damit unterwegs sind. Sonst gibt es im Schadensfall kein Geld. Das ist bei speziellen Fahrradversicherungen anders. Da können Sie Ihr Rad so oft und so lange vor der Tür stehen lassen, wie Sie wollen. Ersatz bei Diebstahl gibt es in beiden Fällen übrigens nur, wenn das Fahrrad abgeschlossen bzw. an einem nicht beweglichen Gegenstand wie Laternen oder Ähnlichem angeschlossen war. Ein gutes Schloss ist also die erste Voraussetzung für Schadenersatz. Und oft verhindert das schon, dass überhaupt ein Schaden entsteht.

Zusammengefasst: In der Regel brauchen Sie als Student keine Fahrradversicherung. Die lohnt sich nur, wenn Sie ein besonders teures Rad haben, das auch über Nacht draußen steht. Dann können Sie erst einmal bei Ihrer Hausratversicherung beziehungsweise der Ihrer Eltern nachfragen, ob das Fahrrad darüber versichert ist. Bei manchen ist das auch gegen Aufpreis möglich. Kosten bei einem Fahrradwert von 500 Euro: 20 bis 50 Euro im Jahr.

Studiengebühren

Noch Ende 1998 waren sich alle Bundesländer, der Bund und die Parteien einig, dass ein Studium in Deutschland gebührenfrei bleiben muss. Diese seltene Einigkeit sollte in einem Staatsvertrag zwischen den Ländern festgehalten werden. Deshalb fassten die Kultusminister der Länder auf ihrer Konferenz im Mai 2000 den „Meininger Beschluss" und vereinbarten damit ein gebührenfreies Erststudium in der Regelstudienzeit plus vier Semester. Doch anscheinend waren die Ministerpräsidenten anderer Meinung als ihre Minister. Sie segneten diesen Beschluss nicht ab. So kam es also nie zu einem derartigen Staatsvertrag. Daher nahm die Bundesregierung die Angelegenheit selbst in die Hand: 2002 verankerte sie ein gebührenfreies Erststudium einschließlich eines Masterstudiums im Hochschulrahmengesetz. Den Ländern wurde lediglich freigestellt, Gebühren für Langzeit-, Zweit- und Seniorenstudien und von ausländischen Studierenden zu verlangen. Aber auch dabei blieb es nicht.

Urteil des Bundesverfassungsgerichts

In Deutschland ist Bildung vor allem Ländersache. Das bedeutet, dass der Bund in den meisten Fällen wenig zu melden hat und sich nicht in die Angelegenheiten der Länder einmischen darf. Tut er es doch, muss er damit rechnen, dass die Länder dagegen protestieren. Im Fall „Gebührenfreies Erststudium" haben sie das erfolgreich getan. Die sechs Bundesländer Baden-Württemberg, Bayern, Hamburg, Saarland, Sachsen und Sachsen-Anhalt klagten vor dem Bundesverfassungsgericht gegen diese 6. Novelle des Hochschulrahmengesetzes und bekamen Anfang 2005 recht. Aus ihrer Sicht hatte sich die Bundesregierung mit dem Verbot allgemeiner Studiengebühren viel zu weit in ihre Belange eingemischt.

Nach dem Urteil der Verfassungsrichter gilt nun der Zustand von vor 2002, als Gebühren nicht eindeutig geregelt waren. Damit steht es den Ländern wieder frei, allgemeine Studiengebühren zu erheben.

Die Verfassungsrichter haben sich jedoch ein Hintertürchen in ihre Entscheidung eingebaut. Sollte sich herausstellen, dass Studiengebühren irgendeine Gruppe benachteiligen oder bestimmten Kreisen der Bevölkerung den Zugang zum Hochschulstudium verwehren, darf der Bund das Zepter doch wieder an sich reißen und Rahmengesetze erlassen. Daran müssten sich dann auch die Länder halten. Die Richter haben also mit ihrem Urteil gleiche Bildungschancen für alle zum obersten Gebot gemacht. Daher könnte das Folgeurteil anders ausfallen, für den inzwischen eher unwahrscheinlichen Fall, dass die Studiengebühren weit über 500 Euro pro Semester steigen. Die Verfassungsrichter plädierten nicht grundsätzlich für Gebühren, sondern stellten lediglich klar, dass der Bund kein Recht hat, den Ländern Vorschriften in Bildungsangelegenheiten zu machen. Es ging vor allem um Zuständigkeiten, nicht um die Frage, ob Studiengebühren sinnvoll oder sinnlos sind.

Pro und Kontra

Befürworter. Einige Bundesländer haben das Urteil zum Anlass genommen, allgemeine Studiengebühren einzuführen. Die Befürworter argumentieren, dadurch würde der Wettbewerb unter den deutschen Hochschulen angekurbelt und diese somit effizienter. Beim Kunden Student könnten es sich Professoren nicht mehr erlauben, keine Zeit zu haben oder Seminare ausfallen zu lassen. So würden die Lehrenden zu Dienstleistern und dadurch steige die Qualität der Ausbildung. Ihr Idealbild ist, dass Universitäten so zu eigenständigen Unternehmen werden, die autark entscheiden, wie und wofür sie ihre finanziellen Mittel einsetzen.

Um diese schöne neue Welt nicht gleich zerbrechen zu lassen, müssten zeitgleich mit den Gebühren günstige Studienkredite eingeführt werden, um Kindern aus sozial schwachen Familien weiterhin ein Studium zu ermöglichen. Die sollten dann möglichst auch die Lebenshaltungskosten mit decken. So könnte ein Studium aus Sicht der Befürworter – anders als beim BAföG – elternunabhängig finanziert werden. Ein weiteres, grundsätzliches Argument besteht darin, dass Weiterqualifizierungen wie beispielsweise der Meisterbrief auch aus eigener Tasche bezahlt werden müssen.

In der Theorie scheint das Konzept der Befürworter die Lösung für die Probleme der Hochschulen zu sein. Die Umsetzung in die Praxis war und ist jedoch nicht so einfach, wie es auf den ersten Blick scheint. In Australien, das in puncto Studiengebühren häufig als Vorbild genannt wird, hat sich der Staat beispielsweise nach der Einführung von Gebühren komplett aus der Finanzierung zurückgezogen und diese den Hochschulen überlassen. Das ist zwar nicht unbedingt von Nachteil. Bezogen auf Deutschland wäre Bildung dann aber nicht mehr vom Grundsatz her kostenlos.

Gegner. Die Gebührengegner befürchten, dass es hierzulande ähnlich ablaufen könnte – trotz gegenteiliger Beteuerungen deutscher Politiker, dass staatliche Zuschüsse für die Hochschulen nicht gekürzt würden. Denn obwohl es wichtig wäre, allgemeine Studiengebühren an einen Zweck zu binden, lässt sich der Zugriff der Finanzminister auf die zusätzlichen Einnahmen rechtlich nicht verhindern. So scheinen die Befürchtungen der Gegner nicht unbegründet zu sein.

Anfangs betonten die Befürworter noch gebetsmühlenartig, die zusätzlichen Gelder würden vollständig zur Verbesserung der Lehre eingesetzt. Doch die Gesetzesentwürfe, die umgesetzt wurden, sehen anders aus. Danach wird ein großer Teil der zusätzlichen Einnahmen durch Verwaltungskosten und Ausfälle (Studenten, die ihre Kredite nicht zurückzahlen können) aufgefressen. Passiert das – versickern die Mittel also im Verwaltungssumpf, statt die Bedingungen an den Unis zu verbessern –, ist das vor allem für Studierende aus sozial schwachen Familien wie ein Schlag ins Gesicht. Denn gerade sie haben es aufgrund der Gebühren noch schwerer als bisher, ein Studium zu finanzieren. Das befürchten zumindest die Gegner. Auch das Argument, Studenten würden zu Kunden und damit verbesserte sich die Dienstleistung, zieht bei ihnen nicht. Sie sind im Gegenteil der Ansicht, dass Studierende durch die Kreditfinanzierung ihres Studiums noch stärker von Banken abhängig sein werden (⸺ "Studiendarlehen", Seite 95 ff.).

Arten von Studiengebühren

Studiengebühren, auch Studienbeiträge genannt, sind Abgaben, die Studierende regelmäßig entrichten müssen, um überhaupt studieren zu dürfen. Waren sie vorher an öffentlichen Hochschulen in Deutschland nicht selbstverständlich, musste ein Studium an einer privatwirtschaftlichen Hochschule auch bis dato schon in der Regel aus eigener Tasche bezahlt werden. Es gibt verschiedene Arten von Studiengebühren, und nicht alle sind so umstritten wie die allgemeinen. Denn ganz kostenlos war und ist universitäre Bildung in der Bundesrepublik nie gewesen. Im weiteren Sinne existieren Studiengebühren schon lange und wurden nur nicht als solche bezeichnet.

Angefangen bei der Verwaltung werden schon länger Gebühren für die Immatrikulation oder Rückmeldung erhoben und für Aufbau-, Zusatz-, Ergänzungs- oder Zweitstudien fällig. Auch Senioren oder Gasthörer sitzen an den meisten Hochschulen nicht kostenfrei im Hörsaal. Zudem haben manche Bundesländer bereits vor einiger Zeit Langzeitstudiengebühren eingeführt. Die werden in den meisten Fällen von Studierenden erhoben, die über die Regelstudienzeit eines

Fachs hinaus studieren. Eine Sonderform von Studiengebühren hat beispielsweise Bremen eingeführt. Dort bekommen Studenten zu Beginn ihres Studiums ein Studienkonto mit einer bestimmten Anzahl freier Semester. Wer mehr verbraucht als veranschlagt, muss für jedes weitere bezahlen, womit wieder Langzeitgebühren anfallen.

> **Studienkonto**
>
> Eine weitere Möglichkeit zur Regulierung der Studiendauer sind Studienkonten. Dabei hat jeder Student ein bestimmtes Kontingent an Semesterwochenstunden oder Fachsemestern, das er nach und nach verbraucht. Der Umfang entspricht genau dem, was nötig ist, um das Studium erfolgreich abzuschließen. Ist das Konto „leer", muss sich der Studierende neue Stunden oder Semester dazukaufen.

Ein Semesterbeitrag, auch Sozialbeitrag genannt, wird in der Regel von jedem Studierenden verlangt. Diese pauschale Abgabe setzt sich aus Beiträgen zu den Verwaltungskosten der Hochschule, für das Studentenwerk und den Allgemeinen Studierendenausschuss AStA zusammen. In manchen Hochschulstädten wird darüber zudem ein vergünstigtes Semesterticket finanziert.

Gebührenmodelle der Bundesländer

Wer die Diskussion um allgemeine Studiengebühren verfolgte, konnte schnell den Eindruck bekommen, spätestens ab 2006 müsste jeder Studierende bundesweit zahlen. Tatsache ist jedoch, dass bisher (Stand: Juni 2011) nicht einmal die Hälfte der Bundesländer tatsächlich entsprechende Gesetze verabschiedet hat. Einige haben bereits verabschiedete sogar inzwischen wieder zurückgenommen. Und viele Länder – gerade im Osten – haben die Gebührenfreiheit auch als Wettbewerbsvorteil für sich entdeckt.

Besonders die Umsetzung der Gebührenpläne in die Praxis bereitete anfangs Probleme. Das hatten sich einige Kultusminister wohl einfacher vorgestellt. Vor allem der hohe Verwaltungsaufwand und die Ausfallbürgschaften für etwaige Kredite an Studenten verhinderten, dass sie schon ab Wintersemester 2005/2006 Gebühren erhoben. Daher werden Studierende – wenn überhaupt – in den meisten Fällen erst seit 2007 zur Kasse gebeten. Da immer mehr Bundesländer die Gebühren wieder streichen, kann jeder selbst entscheiden, ob er zahlt oder doch lieber den Studienort und das Bundesland wechselt. Natürlich nur, sofern nicht die Zentralstelle für die Vergabe von Studienplätzen (ZVS) den Studienplatz zuweist.

> **Semesterbeitrag**
>
> Der Semesterbeitrag, auch Sozialbeitrag genannt, ist keine Studiengebühr im eigentlichen Sinn. Er wird von den Unis unabhängig von den Verwaltungsgebühren erhoben. Damit zahlt jeder Student einen Beitrag für Studentenwerk, Studierendenvertretung, Unfallversicherung, gegebenenfalls Semesterticket und andere soziale Einrichtungen der Hochschule. Die Höhe des Semesterbeitrags variiert stark von Hochschule zu Hochschule und hinsichtlich der enthaltenen Leistungen.

Welche Gebühren die Bundesländer in welcher Höhe derzeit noch erheben und welche sie zukünftig abschaffen wollen, ist im Folgenden zusammengefasst, damit Sie bei Semesterbeiträgen, Studienkonten und Verwaltungskosten den Überblick behalten. Die Informationen beruhen auf dem Stand von Juni 2011, können sich jedoch jederzeit ändern.

Als vorerst letztes Bundesland hat der neue grüne Ministerpräsident von Baden-Württemberg, Winfried Kretschmann, Anfang Mai 2011 angekündigt, die Studiengebühren zum Sommersemester 2012 abzuschaffen. Die grün-rote Regierung begründet den Ausstieg damit, dass die Möglichkeit zu studieren nicht vom „Geldbeutel der Eltern" abhängen sollte. Damit fällt eine der wichtigsten bildungspolitischen Bezahlbastionen. Da auch Hamburg die Abschaffung zum Wintersemester 2012/2013 angekündigt hat, bitten von ehemals der Hälfte der Bundesländer dann nur noch Bayern und Niedersachsen ihre Studierenden zur Kasse.

Baden-Württemberg

Baden-Württemberg gehört zu den Ländern, die in Karlsruhe geklagt haben, und war über Jahre führend, was Studiengebühren angeht. Peter Frankenberg, der bis 2011 Wissenschaftsminister war, plädierte schon bei seiner Amtseinführung 2001 für Gebühren ab dem ersten Semester. Im Dezember 2005 folgte der Landtag seinem Vorschlag und entschied, Studierende ab dem Sommersemester 2007 mit 500 Euro pro Semester zur Kasse zu bitten. Seitdem mussten beinahe alle Immatrikulierten dran glauben – selbst BAföG-Empfänger.

Doch mit dem Sieg für Grün-Rot im März 2011 änderte sich das Studiengebühren-System radikal. Studierende können sich jetzt schon auf das Sommersemester 2012 freuen. Denn zu diesem Zeitpunkt werden die Studiengebühren voraussichtlich abgeschafft sein. Die damit einhergehenden finanziellen Ausfälle will das Land den Hochschulen entsprechend ersetzen. Außerdem sollen Studierende stärker als bisher mitbestimmen, wofür die finanziellen Mittel ausgegeben werden.

Ausnahmen von der Regel. Auch wenn für BAföG-Empfänger keine gemacht werden: Es gibt Ausnahmen. Beispielsweise sind alle Studierenden, die ein Kind unter 14 Jahren erziehen, von Gebühren befreit. Gleiches gilt für Behinderte oder chronisch Kranke, wenn sich diese Krankheit auf das Studium auswirkt. Zudem müssen kinderreiche Familien nicht für alle Kinder Studiengebühren entrichten. In Familien mit drei oder mehr Kindern müssen höchstens zwei Kinder Gebühren bezahlen, unabhängig davon, ob die Geschwister studieren oder nicht. Auch ausländische Studierende können im Rahmen von Vereinbarungen auf Landes-, Bundes- oder internationaler Ebene befreit werden. Eine Ausnahme von der Gebührenpflicht wird auch bei verpflichtenden Praxissemestern, Urlaubssemestern, dem praktischen Jahr von Medizinern und einer Promotion gemacht. Zusätzlich haben die Universitäten die Möglichkeit, Studenten von der Gebühr zu befreien, wenn sie herausragende Leistungen bringen oder überdurchschnittlich begabt sind. Anträge auf Gebührenbefreiung müssen vor Beginn der Vorlesungszeit direkt an die Hochschulen gestellt werden.

Darlehensmodell. Laut Gesetz können die Studierenden wählen, ob sie die Gebühr von 500 Euro gleich zu Beginn jedes Semesters zahlen oder lieber ein Darlehen aufnehmen. Das bietet die L-Bank (Landesbank) nahezu allen Studenten an, die zu Beginn ihres Erststudiums nicht älter als 40 sind – ohne Bonitätsprüfung. Langzeitstudierende und teilweise Ausländer sind allerdings ausgeschlossen. Gefördert wird während der Regelstudienzeit plus vier Semester. Alternativ zur L-Bank kann jeder Student natürlich bei jeder anderen

Kurzüberblick Studiengebühren Baden-Württemberg	
Verwaltungskosten	40 € pro Semester
Semesterbeitrag	ca. 70 € pro Semester; legen die Hochschulen individuell fest
Langzeitstudium/ Studienkonto	seit SS 2007: keine
Zweitstudium	keine
Aufbaustudium	Höhe legen die Hochschulen individuell fest; Untergrenze soll künftig bei 500 € pro Semester liegen
Gasthörer	25–150 € pro Semester
Allgemeine	seit SS 2007: 500 € pro Semester; werden zum SS 2012 abgeschafft
Keine Gebührenpflicht bei:	■ Praxissemestern (verpflichtend); ■ Auslandssemestern; ■ praktischem Jahr bei Medizinern; ■ Urlaubssemestern; ■ Promotion; ■ Pflege und Erziehung eines Kindes bis 14 Jahre; ■ chronischer/studienerschwerender Erkrankung/Behinderung; ■ zwei Geschwistern, die bereits Gebühren gezahlt haben (Geschwisterregelung seit 3/2009); ■ ausländischen Studierenden (im Rahmen von Abkommen); ■ Hochbegabung; ■ zweitem Studiengang bei Parallelstudium; ■ anderen schwerwiegenden Härtefällen

Bank oder Sparkasse einen Kredit aufnehmen, sofern er oder sie einen bekommt. Sie sollten sich aber in jedem Fall gut überlegen, ob Sie das Geld für die Gebühren nicht doch gleich aufbringen können. Da ab der ersten Auszahlung Zinsen anfallen, die gestundet werden, ließe sich dadurch eine Menge Geld sparen. Der Zinssatz wird halbjährlich zum 1. Mai und 1. November angepasst. Bis zum 31. Oktober 2011 beträgt er 4,57 Prozent (Stand: Juni 2011). Die Zinsobergrenze für das Darlehen der L-Bank liegt seit Ende 2008 bei 5,5 Prozent nominal.

> **Bonität**
>
> Bonität ist ein Synonym für Kreditwürdigkeit und die Grundlage dafür, dass sich jemand dafür entscheidet, einer anderen Person Kredit einzuräumen. Je besser die Bonität von Dritten beurteilt wird, desto einfacher ist es für die Person, einen Kredit zu erhalten.

Zwei Jahre nach Ende der Förderung beginnt die Rückzahlung oder spätestens zehn Jahre nach erstmaliger Aufnahme eines Studiums. Dann will die Bank ihr Geld wiederhaben, sofern Ihr Einkommen die Grenze von 1 170 Euro netto monatlich überschreitet. Haben Sie einen Ehepartner, steigt diese Grenze um 535 Euro, für Kinder um 485 Euro pro Kind. Bei einer Familie mit einem Alleinverdienenden und zwei Kindern muss also erst ab 2 675 Euro getilgt werden. Sobald diese Grenze erreicht ist, werden 100 Euro monatlich fällig. Aber auch Raten in Höhe von 50 oder 150 Euro sind auf Wunsch möglich. Das bedeutet vor allem für ehemalige BAföG-Empfänger, dass es fünf Jahre nach Ende des Studiums finanziell richtig zur Sache geht. Dann werden nämlich doppelt Raten fällig: für BAföG und das Darlehen zur Finanzierung der Studiengebühren. Ist der Verdienst zum Zeitpunkt des Rückzahlungsbeginns zu niedrig, werden die Schulden nur gestundet, nicht erlassen. Dadurch kann es in manchen Fällen Jahrzehnte dauern, bis sie komplett getilgt sind (··→ „Studienkredite, Kredite der Landesförderbanken", Seite 108 ff.).

In einigen Fällen kann es auch sein, dass der Studienkredit nie zurückfließen muss, da manchen Darlehensnehmern aufgrund gesetzlicher Regelungen ihre Schulden erlassen werden.

Um diese Ausfälle aufzufangen, haben die Hochschulen in Baden-Württemberg einen gemeinsamen Studienfonds eingerichtet. Der soll der Landesbank die Rückzahlung der Kredite garantieren. In diesem Fonds müssen sogenannte Umlagen für Rückstellungen gebildet werden, die von den Studiengebühren abgehen. Mit dieser Regelung überträgt das Land das finanzielle Ausfallrisiko komplett auf die Hochschulen.

Status quo. Neben den 2007 eingeführten Studiengebühren kosteten Einschreibung und Rückmeldung schon vorher 40 Euro pro Semester. Diese Gebühren werden aller Wahrscheinlichkeit nach auch in Zukunft erhalten bleiben plus ein Semesterbeitrag von ca. 70 Euro je nach Hochschule. Für ein Aufbaustudium werden mindestens 500 Euro fällig, und Gasthörer zahlen generell zwischen 25 und 150 Euro pro Semester.

Ausblick. Zum Sommersemester 2012 wird das Bezahlstudium in Baden-Württemberg abgeschafft, da die neue grün-rote Regierung verhindern will, dass ein Studium vom „Geldbeutel der Eltern" abhängt. Zudem sollen die Studierenden ab diesem Zeitpunkt stärker als bisher mitbestimmen, wofür die finanziellen Mittel ihrer Hochschule ausgegeben werden.

Detaillierte Informationen zu den Studienbedingungen in Baden-Württemberg finden Sie unter **www.studiengebuehren-bw.de**.

So lange dauert die Rückzahlung

Angenommen, der effektive Zinssatz der L-Bank, der von den Darlehenskonditionen abhängt, läge bei 4,29 Prozent und bliebe über die gesamte Laufzeit unverändert. (Tatsächlich ist es so, dass er jeweils zum 1. Mai und 1. November eines Jahres angepasst wird. Seit Ende 2008 liegt die Zinsobergrenze bei 5,50 Prozent nominal.) Wie viel Schulden würden sich so bei 500 Euro Studiengebühr pro Semester im Lauf eines Studiums ansammeln? Und wie lange würde die Rückzahlung dauern, wenn der Schuldenberg in Raten zu 100 Euro getilgt wird?

Beispiel: Bei einem viereinhalb Jahre dauernden Bachelor- mit anschließendem Masterstudium kommen in neun Semestern 4 500 Euro Studiengebühren zusammen. Zahlt der Studierende die Schulden nach der zweijährigen Karenzzeit in Raten zu 100 Euro pro Monat zurück, käme bei einem Effektivzins von 4,29 Prozent bis zum Ende der Tilgung eine Gesamtbelastung von 6 000,83 Euro zusammen. Mit der Rückzahlung wäre er oder sie somit knapp über fünf Jahre beschäftigt. Bei einem höheren Zinssatz, niedrigerer Rückzahlrate und damit längerer Tilgungsdauer könnte der Gesamtschuldenberg schnell auf rund das Doppelte anwachsen.

Quelle: L-Bank, Karlsruhe, www.l-bank.de

Bayern

Auch in Bayern ist ein Studium seit dem Sommersemester 2007 nicht mehr kostenlos. Mitte 2006 beschloss der Landtag ein neues Bayerisches Hochschulgesetz, das Studiengebühren bis zu einer Höhe von 500 Euro vorsieht. Die Hochschulen können selbst entscheiden, wie viel Geld sie von ihren Studenten verlangen. Das soll den Wettbewerb ankurbeln. Dabei können sie die sogenannten Studienbeiträge für einzelne Studiengänge auch in unterschiedlicher Höhe festsetzen. Dadurch sind Fächer, die stärker nachgefragt werden, teurer. Die Obergrenze liegt bei 500 Euro pro Semester, das Minimum bei 100 Euro an Fachhochschulen und 300 Euro an Universitäten und Kunsthochschulen.

Die mit der Hochschulgesetznovelle vom Februar 2011 möglich gewordenen Studiengebühren für berufsbegleitende Bachelor-Studiengänge werden von den Hochschulen tatsächlich erhoben – und zwar nicht zu knapp. Im Gesetz selbst ist keine Beschränkung der Gebührenhöhe enthalten (es war lediglich in der Gesetzesbegründung von bis zu 2 000 Euro pro Semester die Rede). Die Hochschulen gehen in der Realität teilweise sogar über diese Schwelle hinaus.

Ausnahmen von der Regel. Nur 5 bis 7 Prozent der Studierenden werden aus sozialen Gründen befreit. Dazu zählen Studierende mit mindestens zwei Geschwistern in Ausbildung, für die die Eltern Kindergeld bekommen, die Wehr-/Zivil-/Bundesfreiwilligendienst leisten, behindert sind oder mangels Ausbildungsplatz keine Berufsausbildung beginnen oder fortsetzen können. Studieren mehrere Kinder gleichzeitig, werden seit dem Wintersemester 2009/2010 höchstens 500 Euro Studienbeitrag pro Familie und Semester fällig. Außerdem sind Studierende mit Kindern neuerdings nicht mehr nur bis zu deren 10. Lebensjahr, sondern bis zu ihrer Volljährigkeit von den Studiengebühren befreit. Kostenlos sind Urlaubs- oder Praktikumssemester, Promotionen in den ersten drei Jahren sowie das praktische Jahr bei Medizinern. Ausländische Studierende haben nur dann Glück, wenn in zwischenstaatlichen Abkommen geregelt oder zwischen den Hochschulen vereinbart ist, dass sie nicht zahlen müssen. Auch in Härtefällen können die Unis eine Ausnahme machen, und sie können besondere Leistungen honorieren, wie beispielsweise gute Prüfungsergebnisse oder soziales Engagement an der Hochschule. Für BAföG-Empfänger werden keine Ausnahmen gemacht.

Darlehensmodell. Auch Studierende in Bayern haben die Möglichkeit, die Gebühren erst nach Ende des Studiums – also nachgelagert – zu bezahlen und dafür ein Darlehen aufzunehmen. Das bietet die KfW-Förderbank – ehemals Kreditanstalt für Wiederaufbau – nahezu allen Studierenden an bayerischen Hochschulen bis 40 Jahre ohne Bonitätsprüfung

Kurzüberblick Studiengebühren Bayern

Verwaltungskosten	seit SS 2009: keine
Semesterbeitrag	42 – 89,38 €; legen die Hochschulen individuell fest
Langzeitstudium/ Studienkonto	seit SS 2007: keine
Zweitstudium	seit SS 2007: keine
Aufbaustudium	keine
Gasthörer	nach Anzahl der Semesterwochenstunden, max. 100 €
Allgemeine	seit SS 2007: 300 – 500 € pro Semester an Universitäten und Kunsthochschulen; 100 – 500 € an Fachhochschulen; legen die Hochschulen individuell fest
Keine Gebührenpflicht bei:	▪ Praxissemestern; ▪ Urlaubssemestern; ▪ praktischem Jahr bei Medizinern; ▪ Promotion bis zu 6 Semestern; ▪ Studierenden mit Kind (generell bis zum 18. Lebensjahr oder behindert); ▪ Studierenden, deren Eltern für drei oder mehr Kinder Kindergeld erhalten; höchstens 500 € Studienbeiträge pro Familie und Semester; ▪ ausländischen Studierenden (im Rahmen von Abkommen); ▪ Härtefällen; ▪ Hochbegabung

an. Seit Mitte Dezember 2006 kann das Darlehen auf deren Internetseite oder unter www.studieren-in-bayern.de beantragt werden. Der variable Zinssatz, der jeweils zum 1. April und 1. Oktober eines Jahres angepasst wird, beträgt derzeit 3,29 Prozent (Stand: Juni 2011). Der Höchstzinssatz liegt bei 7,75 Prozent. Den Kredit gibt es grundsätzlich nur für maximal zehn Semester im Erststudium. Dazu zählt auch der Master nach dem Bachelor. In Ausnahmefällen kann das Darlehen um bis zu vier Semester verlängert werden.

Wie in Baden-Württemberg sind auch in Bayern die Gesamtschulden erst bei 15 000 Euro gedeckelt. Nach einer Karenzphase von 18 Monaten – auf Wunsch auch kürzer – und ab einem Nettoeinkommen von 1 170 Euro bei Alleinstehenden und 1 705 Euro bei Verheirateten (plus jeweils 485 Euro für jedes Kind) muss das Darlehen zurückgezahlt werden. Die Raten ab 20 Euro werden individuell vereinbart. Beim Tilgungsvorschlag geht die KfW davon aus, dass Sie das Geld plus Zinsen innerhalb von zehn bis maximal 25 Jahren zurückzahlen. Die individuellen Schulden lassen sich online berechnen (www.kfw.de, Suchwort: Tilgungsrechner Bayerisches Studienbeitragsdarlehen). Für den Fall, dass einige Studierende ihren Kredit nicht zurückzahlen können, sichern sich die bayerischen Hochschulen selbst ab. Dafür zahlen sie 10 Prozent der allgemeinen Studienbeiträge in einen Sicherungsfonds, der von der LfA Förderbank Bayern verwaltet wird.

Status quo. Zum Sommersemester 2007 sind in Bayern allgemeine Studiengebühren eingeführt worden, die die Hochschulen individuell festlegen können: mindestens 100 Euro an Fachhochschulen und 300 Euro an Unis und Kunsthochschulen. Um den Studierenden entgegenzukommen, wurden die 50 Euro Verwaltungsgebühr zum Sommersemester 2009 gestrichen. Gasthörer zahlen weiterhin bis zu 100 Euro, da sie von den allgemeinen Gebühren ausgenommen sind. Der Semesterbeitrag liegt zwischen 42 und 89,38 Euro – je nachdem, ob ein Semesterticket enthalten ist oder nicht.

Ausblick. Die Zusatzeinnahmen über die Studienbeiträge sollen in Bayern voll den Studierenden zugutekommen und nicht dazu führen, dass der Staat weniger Geld in die Universitäten pumpt. Das ist sogar im sogenannten Innovationsbündnis zwischen dem Freistaat Bayern und den bayerischen Hochschulen festgehalten worden. Ob dieses Versprechen langfristig gehalten wird, bleibt abzuwarten. Infos zu den Studienbeiträgen in Bayern finden Sie unter www.studieren-in-bayern.de.

Berlin

In Berlin sind Studenten weiterhin sicher. Das Land gehörte nicht zu den Klägern in Karlsruhe und will vorerst keine allgemeinen Gebühren einführen. Kurz nach dem Urteil hatte der damalige Wissenschaftssenator Thomas Flierl noch einmal bekräftigt, dass es in der derzeitigen Koalition keine Studiengebühren geben wird. Aufgrund dieser Entscheidung befürchten nach wie vor einige Politiker, dass noch mehr Studierende nach Berlin strömen werden, und fordern einen finanziellen Ausgleich zwischen den Ländern.

Status quo. Ganz kostenlos ist ein Studium in Berlin dennoch nicht. Bei der Immatrikulation oder Rückmeldung werden Semestergebühren bis zu 250 Euro fällig, inklusive Semesterticket, Sozialbeiträgen und Verwaltungsgebühr. Berlin ist übrigens das einzige Bundesland, in dem die Höhe des Studentenwerkbeitrags von der Länge des Studiums abhängt. Sind es innerhalb der Regelstudienzeit noch 30,68 Euro, steigt dieser beim Überschreiten um mehr als zwei Semester auf 46,02 Euro, um mehr als vier Semester auf 76,69 Euro. Die Gebühren für ein Weiterbildungsstudium legen die Hochschulen individuell fest, und Gasthörer zahlen 15 Euro pro Semesterwochenstunde. Bummler werden in Berlin nicht bestraft. Und für alle neu Zuziehenden gibt es sogar Geld: nämlich 110 Euro Begrüßungsgeld für all jene, die an einer Berliner Hochschule eingeschrieben sind und ihren Hauptwohnsitz nach Berlin verlegen. Nicht schlecht!

Ausblick. Immer wieder wird in der Hauptstadt über Langzeitgebühren oder eine sogenannte Landeskinder-Regelung diskutiert. Bisher hat die Partei DIE LINKE alle derartigen Vorschläge blockiert. Durch die Entscheidung des Bundesverfassungsgerichts flammte Anfang 2005 auch in Berlin die Diskussion um Studiengebühren neu auf. Vor allem der ehemalige sozialdemokratische Finanzsenator Thilo Sarrazin warb für diese neue Einkommensquelle und verplante gleich einen Teil der Mittel für die Sanierung seines maroden Finanzhaushalts. Mit dem damaligen Wissenschaftssenator Thomas Flierl hatte er sich bereits 2004 auf die Erhebung von Langzeitstudiengebühren geeinigt. Doch dieser gemeinsame Coup wurde von der Linken gegen den Willen des Ministers aus den eigenen Reihen verhindert. Ob es auch zukünftig dabei bleibt, hängt wohl von einem Regierungswechsel ab. Mehr Infos zum Studium in Berlin finden Sie auf der Website **www.studieren-in-bb.de**.

Kurzüberblick Studiengebühren Berlin

Verwaltungskosten	50 € pro Semester Rückmelde- bzw. Verwaltungsgebühr
Semesterbeitrag	bis zu 250 €; legen die Hochschulen individuell fest
Langzeitstudium	keine; bei Überschreitung der Regelstudiendauer um 3 Semester oder mehr: 16 – 36 € höhere Sozialbeiträge
Zweitstudium	keine
Aufbaustudium	keine; für Weiterbildungsangebote fallen teilweise Gebühren an
Gasthörer	15 € für eine Lehrveranstaltung mit einer Wochenstunde pro Semester
Allgemeine	keine

Brandenburg

Seit Januar 2004 werden die Hochschulen in Brandenburg leistungsgerecht finanziert – alles im Dienste des Wettbewerbs untereinander. Für die Verteilung der Mittel hat sich die Landesregierung ein Drei-Säulen-Modell einfallen lassen. Die erste Säule bilden die Grundzuweisungen in Höhe von 78 Prozent. So viel bekommt jede Universität des Landes. Die zweite Säule mit 20 Prozent sind sogenannte leistungsbezogene Zuweisungen. Dafür werden beispielsweise die Zahl der Absolventen, die Höhe der eingeworbenen Drittmittel, die Anzahl der Promotionen, der Grad der Internationalisierung und das Maß der Chancengleichheit für Frauen und Männer berücksichtigt. Die dritte Säule besteht aus Zuweisungen für Strukturentwicklung in Höhe von 2 Prozent. Da zählt vor allem, wie innovativ die Hochschule ist.

Status quo. Wie viele andere Bundesländer hat auch Brandenburg 2001 Gebühren für Immatrikulation und Rückmeldung in Höhe von 51 Euro eingeführt. Dazu kommen noch bis zu 250 Euro Semesterbeitrag inklusive Semesterticket. Dieses Geld fließt direkt in den Finanztopf der Universitäten. Darüber hinaus werden lediglich Gebühren für Aufbaustudien und Gasthörer erhoben, über deren Höhe die Hochschulen selbst entscheiden. Insgesamt haben Studierende in Brandenburg gut lachen: Dort ist ein Studium im bundesweiten Vergleich derzeit noch richtig günstig.

Ausblick. Es ist ziemlich wahrscheinlich, dass in Brandenburg alles so bleibt, wie es ist. Mehr Infos unter www.studieren-in-bb.de.

Kurzüberblick Studiengebühren Brandenburg

Verwaltungskosten	51 € pro Semester
Semesterbeitrag	bis zu 250 €; legen die Hochschulen individuell fest
Langzeitstudium	keine
Zweitstudium	keine
Aufbaustudium	legen die Hochschulen individuell fest
Gasthörer	legen die Hochschulen individuell fest
Allgemeine	keine

Bremen

Nach langen Diskussionen wurde die umstrittene Landeskinder-Regelung (500 Euro ab dem 3. Semester für Studierende mit Wohnsitz außerhalb Bremens) zum 1. Juli 2010 ersatzlos aus dem Bremer Studienkontengesetz gestrichen. Damit erhält also zukünftig jeder Student, der das 55. Lebensjahr vollendet hat, unabhängig vom Wohnort ein einmaliges Studienguthaben in Form von 14 gebührenfreien Semestern. Sämtliche Hochschulsemester, die bereits in EU-Staaten studiert wurden, werden davon abgezogen. Wer länger braucht, muss 500 Euro Langzeitgebühr pro Halbjahr zahlen. Zudem dürfen sich alle über 150 Euro Begrüßungsgeld freuen, die ihren Hauptwohnsitz nach Bremen verlegen.

Ausnahmen von der Regel. Doch auch nach Aufbrauchen des Studienguthabens gibt es Ausnahmen. Dazu gehören BAföG-Empfänger und Promovierende, Studierende in Elternzeit oder solche, die ein Kind bis zwölf Jahre betreuen, ebenso auslän-

Kurzüberblick Studiengebühren Bremen

Verwaltungskosten	50 € pro Semester
Semesterbeitrag	ca. 170 € pro Semester; legen die Hochschulen individuell fest
Langzeitstudium/ Studienkonto	500 € pro Semester nach Aufbrauchen des Studienguthabens von 14 Semestern
Zweitstudium	keine, wenn das Zweitstudium zwingend erforderlich ist; legen die Hochschulen individuell fest
Aufbaustudium	legen die Hochschulen individuell fest
Gasthörer	ab 51 € für 2 SWS; legen die Hochschulen individuell fest
Allgemeine	keine
Keine Gebührenpflicht bei:	■ Urlaubssemestern; ■ Auslandssemestern; ■ BAföG-Empfängern; ■ Promotion; ■ ausländischen Studierenden (im Rahmen von Abkommen); ■ Elternzeit und Erziehung eines Kindes bis 12 Jahre; ■ chronischer/studienerschwerender Erkrankung/Behinderung; ■ Härtefällen

dische Studierende im Rahmen überregionaler Abkommen. Auch wer sich an der Hochschule engagiert, kann sich bis zu zwei Semester Gebühren sparen. In vielen weiteren Fällen können sie gestundet, ermäßigt oder erlassen werden.

Status quo. Im Zuge des neuen Studienkontengesetzes hat Bremen quasi Gebühren für Langzeitstudenten eingeführt. Damit kostet jedes zusätzliche Semester 500 Euro. Dazu kommen Verwaltungsgebühren in Höhe von 50 Euro und ein Semesterbeitrag von rund 170 Euro. Die Kosten für ein Aufbaustudium und Gasthörer legen die Hochschulen individuell fest.

Ausblick. Derzeit sieht es in Bremen nicht danach aus, dass allgemeine Studiengebühren eingeführt werden. Weitere Infos dazu finden Sie auf www.studiengebuehren.uni-bremen.de und auf den Seiten der anderen Hochschulen.

Hamburg

Von allen Bundesländern, die Studiengebühren einführen wollten, brauchte Hamburg am längsten, um alle Details festzulegen und das dazugehörige Studienbeitragsdarlehen vorzustellen. Erst im Januar 2007 war es so weit, und bereits zum Sommersemester wurden allgemeine Studiengebühren eingeführt. Im gleichen Zug wurde das bis dato geltende Studienguthabenmodell abgeschafft. Von Sommersemester 2007 bis Sommersemester 2008 mussten Studierende in Hamburg also mindestens 500 Euro Studiengebühr pro Semester zahlen.

Doch dieses Gesetz hielt nicht lange. Im Februar 2008 wurde in Hamburg neu gewählt, und es kam zu einer schwarz-grünen Koalition. Im Koalitionsvertrag einigten sich beide Parteien darauf, weiterhin allgemeine Studiengebühren zu erheben. Nur die Details sollten sich ändern. Im September 2008 wurde die Höhe der Gebühren von 500 auf 375 Euro pro Semester gesenkt. Zudem werden sie nun in der Regel erst nach dem Studium fällig („nachgelagerte Studiengebühren"). Und zwar erst dann, wenn das Einkommen 30 000 Euro brutto übersteigt. Wer diese Einkommensschwelle bis zu zehn Jahre nach seinem Abschluss nicht erreicht, kommt um die Rückzahlung herum. Seit den letzten Bürgerschaftswahlen sieht die Zukunft in Hamburg noch rosiger aus. Nach ihrem Wahlsieg im Februar 2011 hat die SPD die komplette Abschaffung der Studiengebühren für das Wintersemester 2012/2013 angekündigt.

Ausnahmen von der Regel. Bis es tatsächlich dazu kommt, sind einige wenige Personengruppen von den Gebühren befreit. Dazu gehören Studierende, die ein Urlaubssemester einlegen oder promovieren, als Mediziner ein praktisches Jahr absolvieren oder Austauschstudierende im Rahmen von Vereinbarungen. Nicht zahlen müssen außerdem Studierende mit Kindern bis zu deren 14. Lebensjahr, wenn ihr Studium länger dauert als die Regelstudienzeit plus zwei Semester. Dasselbe gilt für Studenten mit Behinderungen oder chronischen Erkrankungen. Auch wer ein Praxissemester einlegt oder sich besonders einsetzt, kann unter Umständen befreit werden – das liegt ganz im Ermessen der Hochschulen.

Ab dem dritten Semester über Regelstudienzeit entfällt die Stundung der Gebühren, wobei alle je studierten Semester zählen. Wer also mehrere „Orientierungssemester" einlegt und erst dann den „endgültigen" Studiengang wählt, muss am Ende des Studiums sehr wahrscheinlich sofort zahlen. Damit hat Hamburg die wohl derzeit härteste Langzeitstudiengebühren-Regelung in Deutschland. Das könnte für viele Studierende vor allem deshalb problematisch werden, weil gegen Ende des Studiums Gelder besonders schwierig aufzubringen sind, da man mit dem Studienabschluss beschäftigt ist.

Darlehensmodell. Die Gebühren können natürlich grundsätzlich auch sofort gezahlt werden. Allerdings spricht aus Sicht der Studierenden nichts dafür. Warum das Geld gleich bezahlen, wenn es über Jahre zinsfrei zur Verfügung gestellt wird? So sehen sich die meisten nach dem Studium mit Schulden konfrontiert. Wer nach Studienende mehr als 30 000 Euro brutto verdient, muss die Studiengebühren an die Wohnungsbaukreditanstalt Hamburg (WK) zahlen, die dafür zuständig ist.

Das Finanzierungsmodell der vorherigen Studiengebühren in Höhe von 500 Euro wurde übrigens im Zuge des Beschlusses der Hamburger Bürgerschaft zum 1. Oktober 2008 gestoppt. Damit entfiel auch der im Hochschulgesetz verankerte Anspruch auf Darlehensgewährung. Die KfW-Förderbank kann und darf seit dem Wintersemester 2008/2009 also weder Neuverträge abschließen noch weitere Auszahlungen auf das Hamburger Studiendarlehen leisten. Studierende, die es bereits in Anspruch genommen haben, sollen es nach

Kurzüberblick Studiengebühren Hamburg

Verwaltungskosten	50 € pro Semester
Semesterbeitrag	210 € pro Semester; legen die Hochschulen individuell fest
Langzeitstudium/ Studienkonto/ Landeskinder-Regelung	keine
Zweitstudium	keine
Aufbaustudium	für spezielle Weiterbildungs-Studiengänge mindestens kostendeckende Gebühren; legen die Hochschulen individuell fest
Gasthörer	legen die Hochschulen individuell fest
Allgemeine	seit WS 2008/2009: 375 € pro Semester; sollen zum WS 2012/2013 abgeschafft werden
Keine Gebührenpflicht bei:	■ Promotion; ■ Urlaubssemestern; ■ praktischem Jahr; ■ Härtefällen; ■ ausländischen Austausch-/Programm-Studierenden; ■ Studium an einer staatlichen Verwaltungshochschule

wie vor im Rahmen der vereinbarten Bedingungen abwickeln können.

Status quo. Studierende in Hamburg hatten in den letzten Jahren einige Änderungen hinzunehmen. Zum Sommersemester 2004 wurden Bummler noch mit 500 Euro zur Kasse gebeten. Darauf folgte die Landeskinder-Regelung, die mit dem neuen Beschluss nun auch endgültig vom Tisch ist. Selbst die „erste" Einführung allgemeiner Studiengebühren zum Sommersemester 2007 hatte nicht lange Bestand. Nur der Verwaltungskostenbeitrag in Höhe von 50 Euro wurde im Gegensatz zu früheren Ankündigungen bisher beibehalten. Der Semesterbeitrag liegt derzeit bei 210 Euro.

Ausblick. Die im Herbst 2008 eingeführten allgemeinen Studiengebühren in Höhe von 375 Euro dürften nun eine Weile Bestand haben: zumindest bis zur nächsten Bürgerschaftswahl, die voraussichtlich 2012 stattfindet. Ob die Gebühren dann wie angekündigt tatsächlich abgeschafft werden, bleibt abzuwarten. Mehr Infos finden Sie unter **www.wissenschaft.hamburg.de**.

Hessen

Hessen gehörte zu den Bundesländern, die länger gebraucht haben, allgemeine Studiengebühren einzuführen. Doch das war schnell wieder vorbei. Zum Wintersemester 2007/2008 eingeführt, wurden die Gebühren nur ein Jahr später zum WS 2008/2009 abgeschafft. Das liegt wohl vor allem daran, dass die hessische Landesverfassung ein unentgeltliches Hochschulstudium vorsieht. Im Mai 2006 war ein Rechtsgutachten zu dem Schluss gekommen, dass das nicht für Studiengebühren gelte. Kaum veröffentlicht, zog die Landesregierung fertig ausgearbeitete Gebührenpläne aus der Schublade. Das geänderte Hochschulgesetz sah vor, dass hessische Studenten ab dem Wintersemester 2007/2008

Studienbeiträge in Höhe von 500 Euro pro Semester zahlen mussten. In Ausnahmefällen hatten die Hochschulen sogar die Möglichkeit, höhere Beiträge bis 1500 Euro zu erheben. Das entsprechende Gesetz wurde im Herbst 2006 verabschiedet und die Gebühren zum WS 2007/2008 eingeführt.

Als im Januar 2008 in Hessen ein neuer Landtag gewählt wurde, sah die Sache anders aus. Denn SPD, Grüne und Linke machten ihr Wahlversprechen wahr und schafften die allgemeinen Studiengebühren im Juni 2008 wieder ab – kaum ein halbes Jahr nach deren Inkrafttreten. Die Hochschulen bekommen seitdem – quasi als Ersatz für die wegfallenden Einnahmen – direkt vom Land Gelder, die zur Verbesserung der Lehre eingesetzt werden müssen. Studierende, die darauf hoffen, bereits gezahlte Gebühren eventuell erstattet zu bekommen, werden wohl enttäuscht. Denn der Staatsgerichtshof des Landes hat im Juni 2008 allgemeine Studiengebühren in Hessen als verfassungsgemäß eingestuft. Trotzdem bleiben sie vorerst abgeschafft – ebenso wie Langzeitstudiengebühren. Studieren ist dort also wieder nahezu kostenlos.

Darlehensmodell. Mit dem neuen Gesetz gibt es für das Studiendarlehen der Landestreuhandstelle (LTH) keinen Bedarf mehr, da es zur reinen Studiengebühren-Finanzierung diente. Daher hat die Bank die Zahlungen an die Unis automatisch zum Wintersemester 2008/2009 gestoppt. An den Vertragsbedingungen für die Studierenden ändert sich nichts. Diejenigen, die das Darlehen bereits in Anspruch genommen haben, sollten den LTH-Kredit möglichst schnell kündigen, da während der gesamten Kreditlaufzeit weitere Zinsen anfallen. Wer die bereits in Anspruch genommenen 1000 Euro flüssig hat, sollte das Geld sofort zurückzahlen. Auch Teilbeträge sind möglich. Alle anderen müssen den Betrag zuzüglich Zinsen nach einer Karenzzeit von zwei Jahren ab Ende des Studiums in Raten abstottern – jedoch spätestens elf Jahre nach Beginn. BAföG-Empfänger können sich auf Antrag von den Zinsen befreien lassen.

Status quo. Studieren in Hessen ist seit dem Wintersemester 2008/2009 wieder richtig günstig. Vor allem, da mit der Einführung allgemeiner Studiengebühren die Langzeitgebühren abgeschafft wurden und dies auch nach deren Abschaffung so blieb. So müssen Studenten derzeit nur einen Verwaltungskostenbeitrag in Höhe von 50 Euro plus einen Semesterbeitrag zwischen 183 und 247 Euro zahlen. Ein Schnäppchen im Vergleich zum vorherigen Ist-Stand und vielen anderen Bundesländern.

Ausblick. Im Januar 2009 wurde in Hessen erneut gewählt, da nach der Wahl 2008 keine regierungsfähige Mehrheit zustande gekommen war. Seitdem haben CDU und FDP wieder deutlich die Oberhand im Landtag. Beide Parteien sind eindeutige Befürworter allgemeiner Studiengebühren. Allerdings haben sie deren erneute Einführung vor der Wahl ausgeschlossen – zumindest für die jetzige Legislaturperiode. Damit dürften Studierende in Hessen bis zur nächsten Landtagswahl 2014 Ruhe haben. Möglich wäre stattdessen die Wiedereinführung von Langzeitstudiengebühren. Alles in allem ist klar: Spätestens vor der nächsten Wahl wird die Debatte um allgemeine Studiengebühren wieder neu aufflammen. Infos zum Studium in Hessen finden Sie auf der Seite www.hmwk.hessen.de unter der Rubrik Studium/Ausbildung.

Kurzüberblick Studiengebühren Hessen

Verwaltungskosten	50 € pro Semester
Semesterbeitrag	ca. 183 – 247 €; legen die Hochschulen individuell fest
Langzeitstudium/ Studienkonto	keine
Zweitstudium	keine
Aufbaustudium	legen die Hochschulen individuell fest
Gasthörer	50 – 500 € pro Semester; legen die Hochschulen individuell fest
Allgemeine	keine; abgeschafft zum WS 2008/2009

Mecklenburg-Vorpommern

Verglichen mit anderen Bundesländern ist Mecklenburg-Vorpommern hinsichtlich der Studienkosten nach wie vor sehr günstig. Im Herbst 2006 vereinbarte die schwarz-rote Koalition, auf die Erhebung von Gebühren zu verzichten – und macht seither auch keine Anstalten, davon abzuweichen. Zeitweise wurde laut darüber nachgedacht, von Studierenden aus anderen Bundesländern im Rahmen einer Landeskinder-Regelung Geld zu verlangen. Doch auch diese Debatte ist wieder eingeschlafen. Im Frühjahr 2008 gab es allerdings eine Änderung bezüglich der Verwaltungsgebühren. Zu diesem Zeitpunkt kippte das Oberverwaltungsgericht Greifswald die Einschreibe- und Rückmeldegebühren und zwang den Gesetzgeber so zu einer Neuregelung. Seit dem Wintersemester 2009/2010 steht es jeder Hochschule frei, ob, in welcher Höhe und für welche Leistungen sie Verwaltungsgebühren von bis zu 50 Euro pro Semester erhebt.

Status quo. Studierende in Mecklenburg-Vorpommern haben es gut: keine allgemeinen Studiengebühren, keine Langzeitgebühren und mit maximal 50 Euro so gut wie keine Verwaltungsgebühren. Lediglich Gasthörer müssen je nach Hochschule zwischen 50 und 390 Euro pro Semester zahlen. Zudem können die Hochschulen selbst entscheiden, ob sie für ein Aufbau- oder Zweitstudium etwas verlangen. Der Semesterbeitrag variiert derzeit zwischen 47 und 122 Euro.

Kurzüberblick Studiengebühren Mecklenburg-Vorpommern	
Verwaltungskosten	seit WS 2009/2010: bis zu 50 €; legen die Hochschulen individuell fest
Semesterbeitrag	47 – 122 €; legen die Hochschulen individuell fest
Langzeitstudium/ Studienkonto	keine
Zweitstudium	legen die Hochschulen individuell fest
Aufbaustudium	legen die Hochschulen individuell fest
Gasthörer	50 – 390 € pro Semester, abhängig von der Zahl der Semesterwochenstunden und der Hochschule
Allgemeine	keine

Ausblick. Das kleine Bundesland im Nordosten bleibt wohl auch in den nächsten Jahren von allgemeinen Studiengebühren verschont. Auch deshalb, weil das strukturschwache Mecklenburg-Vorpommern es sich nicht leisten kann, Studienwillige zu vergraulen. Weitere Infos zum dortigen Studium finden Sie unter **www.studieren-mit-meerwert.de**.

Niedersachsen

Als erstes Bundesland hat Niedersachsen am 9. Dezember 2005 ein Studiengebührengesetz beschlossen. Mit dem „Zukunftsvertrag mit den Hochschulen" wurden zum Wintersemester 2006/2007 Studienbeiträge in Höhe von 500 Euro pro Semester eingeführt. Zu diesem Zeitpunkt fielen die alten Regelungen zum Studienguthaben weg. Nun müssen alle Studierenden zahlen – auch BAföG-Empfänger.

Ausnahmen von der Regel. Wer Kinder unter 14 Jahren betreut oder nahe Angehörige pflegt, ist davon ausgenommen. Auch im Fall eines Urlaubs-, Auslands- oder Praxissemesters, das in der Studienordnung vorgesehen ist, entfallen die Studienbeiträge. Gleiches gilt für Medizinstudenten im praktischen Jahr, Promovierende unter bestimmten Voraussetzungen sowie in Ausnahmefällen für ausländische Studis. Auch eine schwere Krankheit oder Behinderung werden berücksichtigt. Für BAföG-Empfänger wird keine Ausnahme gemacht. Sie werden wie alle anderen bis zu einer Schuldenobergrenze von 15 000 Euro für Gebühren plus BAföG zur Kasse gebeten.

Darlehensmodell. Wie in anderen Bundesländern können die Studiengebühren auch in Niedersachsen nachgelagert bezahlt werden. Daher haben nahezu alle Studierenden unabhängig von ihrem Einkommen Anspruch auf ein zinsgünstiges Darlehen, das vom Land vergeben wird. Langzeitstudenten sind ausgeschlossen. Darlehensberechtigt sind

Deutsche, EU-Angehörige, heimatlose Ausländer und Bildungsinländer, das heißt Studierende, die ihren Hochschulzugang in Deutschland erworben haben. Im Umkehrschluss bedeutet das aber auch, dass alle anderen Ausländer zwar Studiengebühren bezahlen müssen, aber kein Darlehen bekommen können. Gleiches gilt für Studenten, die bereits 35 Jahre alt sind, wenn sie ihr erstes Studium beginnen.

Die niedersächsische Landesbank NBank prüft und bewilligt die Darlehen, Kreditgeberin ist jedoch die KfW-Förderbank. Einen Kredit gibt es für die Regelstudienzeit plus vier Semester. Zinsen für das „Niedersachsen-Studienbeitragsdarlehen" fallen bereits ab der ersten Auszahlung an, wobei der variable Zinssatz 7,5 Prozent nicht überschreiten soll. Derzeit liegt er bei 3,53 Prozent effektiv (Stand: Juni 2011). Zwei Jahre nach Abschluss oder Abbruch des Studiums geht es los mit der Rückzahlung, wenn eine bestimmte Einkommensgrenze überschritten wird. Die liegt wie in anderen Bundes-

Kurzüberblick Studiengebühren Niedersachsen

Verwaltungskosten	75 € pro Semester, 50 € je Trimester
Semesterbeitrag	ca. 53 – 223 € pro Semester; legen die Hochschulen individuell fest
Langzeitstudium/ Studienkonto	seit WS 2006/2007: Langzeitgebühren von 600 € ab dem 5. Semester über Regelstudienzeit, 700 € ab dem 7. und 800 € pro Semester ab dem 9. (400 € ab dem 5. Trimester, 466 € ab dem 8. und 533 € ab dem 11.)
Zweitstudium	analog zu den allgemeinen Studienbeiträgen
Aufbaustudium	analog zu den allgemeinen Studienbeiträgen
Gasthörer	je nach Anzahl der SWS: 50 €, 75 € oder 125 €
Allgemeine	seit SS 2007 500 € pro Semester, 333 € je Trimester; Senioren über 60 Jahre generell 800 € pro Semester
Keine Gebührenpflicht bei:	■ vorgeschriebenen Praxis- oder Auslandssemestern; ■ Urlaubssemestern; ■ praktischem Jahr; ■ Promotion; ■ Betreuung von Kindern unter 14 Jahren oder Pflege naher Angehöriger; ■ schwerer Krankheit oder Behinderung; ■ ausländischen Studierenden (im Rahmen von Abkommen oder Förderprogrammen)

ländern für Alleinstehende bei einem Nettoeinkommen von 1170 Euro monatlich, für Verheiratete bei 1705 Euro, und für jedes Kind kommen noch 485 Euro dazu. Die monatliche Rückzahlrate beträgt mindestens 20 Euro. Auch in Niedersachsen haben die Hochschulen einen Fonds eingerichtet, um sich gegen das Ausfallrisiko abzusichern. Wie viel sie einzahlen, richtet sich nach der Anzahl der Gebührenpflichtigen. Das Studiendarlehen ist zinsfrei, wenn die Studierenden mindestens zwei Geschwister haben.

Status quo. Langzeitstudenten sind von den allgemeinen Studiengebühren ausgenommen, da sie bereits belastet werden, wenn sie die Regelstudienzeit überschreiten. Ab dem fünften zusätzlichen Semester wird das Studium schrittweise teurer. Dann steigen die Gebühren auf 600 Euro, ab dem siebten auf 700 Euro und ab dem neunten auf 800 Euro. Für Trimester gelten andere Sätze: Ab dem fünften werden 400 Euro fällig, ab dem achten 466 Euro und ab dem elften 533 Euro. Wohlgemerkt stellt das Land dafür in der Regel kein Darlehen zur Verfügung. Doch auch da gibt es Ausnahmen. Gasthörer zahlen zwischen 50 und 125 Euro, Senioren über 60 Jahre grundsätzlich 800 Euro pro Semester, und die Verwaltungsgebühr von 75 Euro für alle wird beibehalten. Plus Semesterbeitrag in Höhe von rund 53 bis 223 Euro, den die Hochschulen individuell festlegen, kommt eine ganz schöne Summe zusammen.

Ausblick. Allgemeine Studiengebühren in Höhe von 500 Euro pro Semester scheinen in Niedersachsen erst einmal das Ende der Fahnenstange zu sein. Ansonsten ändert sich voraussichtlich in den nächsten Jahren nichts, da die CDU/FDP-Koalition bei der letzten Wahl bestätigt wurde. Weitere Infos finden Sie auf der Internetseite www.studieren-in-niedersachsen.de oder auf www.studienbeitraege.niedersachsen.de.

Nordrhein-Westfalen

In Nordrhein-Westfalen waren zum Wintersemester 2006/2007 Studiengebühren von bis zu 500 Euro eingeführt worden. Nur fünf Jahre später wurden sie mit einem Beschluss des Landtags im Februar 2011 wieder abgeschafft. Das bedeutet, dass die allgemeinen Gebühren für alle Studierenden zum Wintersemester 2011/2012 ersatzlos wegfallen. Bis dahin stand es den Hochschulen frei, auf Gebühren zu verzichten oder welche zu erheben. Das taten allerdings die wenigsten – offenbar aus Angst, ihre Hochschule könnte dadurch ins Hintertreffen geraten.

Ausnahmen von der Regel. Die galten bis dato bei Auslands-, Urlaubs- und Praxissemestern, Promotionen und bei Ärzten im Praktikum. Auch wer minderjährige Kinder erzieht oder nahe Angehörige pflegt, musste nicht zahlen. Ebenso wenig diejenigen, die sich in Hochschulorganen engagieren und behinderte oder schwer kranke Studierende. Wie in anderen Bundesländern wurden BAföG-Empfänger auch in Nordrhein-Westfalen zur Kasse gebeten. Und das, obwohl der damalige Ministerpräsident Jürgen Rüttgers noch im Wahlkampf beteuert hatte, sie müssten nicht zahlen. Einen Vorteil gab es jedoch: Die Gesamtschulden aus Gebühren und BAföG waren in Nordrhein-Westfalen schon bei verhältnismäßig niedrigen 10 000 Euro gedeckelt.

Darlehensmodell. Alle Studierenden bis 60 Jahre hatten Anspruch auf ein Studienbeitragsdarlehen der NRW.BANK. Das wurde grundsätzlich für die Regelstudienzeit plus vier Semester gewährt – ohne Bonitätsprüfung, beim konsekutiven Masterstudiengang nur zwei Semester. Der Zinssatz war variabel und bei 5,9 Prozent gedeckelt. Derzeit liegt er bei 4,157 Prozent (Stand: Juni 2011). Zwei Jahre nach Ende des Studiums beziehungsweise spätestens elf Jahre nach Studienbeginn meldet sich die Bank und fordert ihr Geld in Raten von 50, 100 oder 150 Euro monatlich zurück. Jedoch

Kurzüberblick Studiengebühren Nordrhein-Westfalen

Verwaltungskosten	keine
Semesterbeitrag	140 – 240 €; legen die Hochschulen individuell fest
Langzeitstudium/ Studienkonto	keine
Zweitstudium	ab WS 2011/2012: keine
Aufbaustudium	ab WS 2011/2012: keine
Gasthörer	ca. 100 € pro Semester; legen die Hochschulen individuell fest
Allgemeine	ab WS 2011/2012: keine; bis dahin 0 – 500 € pro Semester

nur, wenn der Hochschulabgänger über ein ausreichendes Einkommen verfügt, derzeit also mehr als 1 170 Euro netto pro Monat zur Verfügung hat. Bei Verheirateten steigt die Grenze um 535 Euro, mit Kind um 485 Euro. Das Ausfallrisiko tragen auch in Nordrhein-Westfalen die Hochschulen, die rund 20 Prozent ihrer Einnahmen aus Studienbeiträgen in einen Ausfallfonds zahlen müssen. Infos zu Darlehen und Tilgung unter www.bildungsfinanzierung-nrw.de.

Status quo. Bis die allgemeinen Studiengebühren zum WS 2011/2012 wegfallen, haben Studierende in Nordrhein-Westfalen derzeit entweder Glück, weil gerade ihre Hochschule keine Beiträge erhebt, oder aber sie müssen zahlen. Dazu kommen noch Semesterbeiträge zwischen 140 und 240 Euro, jedoch keine Verwaltungskosten. Gasthörer zahlen in der Regel ca. 100 Euro pro Semester.

Ausblick. Nur fünf Jahre nach ihrer Einführung haben sich die allgemeinen Studiengebühren zum Wintersemester 2011/2012 schon wieder erledigt. Somit können sich deren Gegner mit den knapp 500 000 Studierenden in Nordrhein-Westfalen über die neue Gebührenfreiheit freuen. Weitere Infos dazu finden Sie unter www.wissenschaft.nrw.de/studieren_in_nrw/.

Rheinland-Pfalz

Nachdem Nachbarländer wie Nordrhein-Westfalen, Hessen und das Saarland die erst vor wenigen Jahren eingeführten allgemeinen Studiengebühren wieder abgeschafft haben, wird Rheinland-Pfalz wohl endgültig von dem Gedanken Abschied nehmen, von Studierenden Geld zu verlangen. Die 2007 gesetzlich beschlossene, aber nie eingeführte Landeskinder-Regelung wurde bereits im Juli 2010 mit dem „Zweiten Landesgesetz zur Änderung hochschulrechtlicher Vorschriften" ohne viel Aufhebens ersatzlos aus dem Hochschulgesetz gestrichen.

Status quo. Seit infolge der Landtagswahlen im März 2011 das Land von Rot-Grün regiert wird, sollen insbesondere auf Druck der Grünen sogar die Studienkonten und damit die immanenten Langzeitstudiengebühren abgeschafft werden. Zumindest steht das so im Koalitionsvertrag. Geht es nach der amtierenden SPD-Wissenschaftsministerin Doris Ahnen werden für ein Zweitstudium aber möglicherweise weiterhin Gebühren anfallen. Da sich das jedoch erst in Zukunft entscheidet, gilt nach wie vor: Jeder Studierende erhält bei Studienbeginn ein Studienkonto, das sich per Regelabbuchung oder Leistungsabbuchung verringert. Bei allen, die vor dem Wintersemester 2007/2008 ihr Studium in Rheinland-Pfalz begonnen haben, wird automatisch die Regelabbuchung wie folgt angewandt. Wer sein Studienguthaben von 200 Semesterwochenstunden um das 1,75-Fache der Regelstudienzeit überzieht, muss 650 Euro pro Semester zahlen. Sprich: Bei einer Regelstudienzeit von neun Semestern müssen Studierende erst ab dem 16. Semester mit Gebühren rechnen (9 × 1,75 = 15,75).

Ausnahmen hinsichtlich der Semesterwochenzahl des Kontos werden nur für Studiengänge wie Medizin, Zahnmedizin oder Chemie gemacht, die „zeitaufwendiger" sind. Das Studienkonto kann sowohl für ein Erststudium als auch für Weiterbildung genutzt werden. Studierende, die ein bisschen länger für ihre Studienfach-Entscheidung brauchen, werden gnädig behandelt. Sie dürfen einmal innerhalb von zwei Semestern wechseln und bekommen dann ein „frisches" Konto. Auch während eines Urlaubs- oder Auslandssemesters oder eines Praktikums im Ausland wird nichts davon abgebucht. Ein Bonusguthaben kann bei Kindererziehung, der Mitarbeit in einem Hochschulorgan, besonders guten Leistungen sowie Krankheit oder Pflege naher Angehöriger beantragt werden. Wer zeitgleich in zwei Studiengängen eingeschrieben ist, also ein Doppelstudium absolviert, erhält nur ein Studienkonto. Ist das aufgebraucht, werden Gebühren fällig: nämlich 650 Euro pro Semester. Gleiches gilt bei einem Zweitstudium. Senioren ab 60 Jahre müssen diesen Betrag grundsätzlich zahlen.

Kurzüberblick Studiengebühren Rheinland-Pfalz

Verwaltungskosten	keine
Semesterbeitrag	bis 234 €; legen die Hochschulen individuell fest
Langzeitstudium/ Studienkonto	Studienkontenmodell: 650 € pro Semester nach Überziehen der Regelstudienzeit um das 1,75-Fache (Guthaben von 200 Semesterwochenstunden im Rahmen der Regelabbuchung oder 360 Leistungspunkte im Rahmen der Leistungsabbuchung); Senioren ab 60 Jahre zahlen immer
Zweitstudium	650 € pro Semester, wenn das Studienkonto verbraucht ist; auf Antrag gibt es ein weiteres, wenn ein Zweit- oder Aufbaustudium zwingend erforderlich ist
Aufbaustudium	650 € pro Semester, wenn das Studienkonto verbraucht ist; auf Antrag gibt es ein weiteres, wenn ein Zweit- oder Aufbaustudium zwingend erforderlich ist
Gasthörer	gestaffelt nach Semesterwochenstunden (SWS): bis 4 SWS: 120 €, bis 8 SWS: 200 € und ab 9 SWS: 250 € pro Semester
Allgemeine	keine
Keine Gebührenpflicht bei:	■ Praxis- oder Auslandssemestern; ■ Urlaubssemestern; ■ Promotion; ■ praktischem Jahr; ■ Kindererziehung und Pflege naher Angehöriger; ■ Vertretern in Hochschulorganen; ■ behinderten oder schwer kranken Studierenden

Zum Wintersemester 2007/2008 wurde die Regelabbuchung durch die sogenannte Leistungsabbuchung ergänzt. Sie gilt für alle, die ab diesem Zeitpunkt einen konsekutiven Studiengang in Rheinland-Pfalz begonnen haben, also beispielsweise einen Bachelor- mit anschließendem Masterstudiengang. Für alle übrigen Studiengänge und für diejenigen, die ihr Studium davor aufgenommen haben, wird die Regelabbuchung beibehalten.

Wie der Name schon vermuten lässt, orientiert sich die Leistungsabbuchung an den Leistungen, die der einzelne Studierende in Anspruch nimmt, nicht nach einer bestimmten Regel. Jeder Studierende erhält ein Studienkonto mit 360 Leistungspunkten. Da in einem konsekutiven Bachelor- und Masterstudiengang immer 300 Leistungspunkte (sogenannte ECTS) erworben werden müssen, bieten die zusätzlichen 60 ECTS die Möglichkeit, Leistungsnachweise zu erwerben oder Prüfungen zu wiederholen. Wer bereits an einer Hochschule außerhalb von Rheinland-Pfalz studiert hat und sich Leistungspunkte anrechnen lassen möchte, dem werden diese vom neuen Studienkonto abgezogen. Jeder kann seines bis zum 18. Hochschulsemester nutzen. Danach gilt das Studienguthaben als verbraucht, und es fallen Gebühren in Höhe von 650 Euro pro Semester an. Der Semesterbeitrag an Hochschulen in Rheinland-Pfalz schlägt derzeit mit bis zu 234 Euro zu Buche. Gasthörer zahlen je nach Anzahl der Semesterwochenstunden 120 bis 250 Euro.

Ausblick. Auf die Einführung allgemeiner Studiengebühren wird Rheinland-Pfalz wohl erst einmal verzichten und möglicherweise auf Druck der Grünen sogar die Studienkonten abschaffen. Alle Infos dazu finden Sie unter **www.mbwwk.rlp.de/wissenschaft**.

Saarland

Zum Sommersemester 2010 hat das kleine Bundesland die erst 2007 eingeführten allgemeinen Studiengebühren wieder gestrichen. Bis dahin wurden in den ersten beiden Semestern jeweils 300 Euro und ab dem dritten Semester 500 Euro fällig. Für Freude hatte bereits die Ankündigung der Landesregierung vom März 2009 gesorgt, sie werde künftig die Zinsen für das Studiengebührendarlehen übernehmen – auch rückwirkend. Noch erfreulicher war dann die Rücknahme der allgemeinen Gebühren.

Status quo. Die Hochschulen können nun selbst entscheiden, ob und in welcher Höhe sie Langzeit- oder Zweitstudiumsgebühren (bis zu 400 Euro pro Semester) einführen. Gasthörer zahlen zwischen 61,30 und 91,30 Euro pro Semester, abhängig von der Anzahl der Lehrveranstaltungen. Der Semesterbeitrag liegt derzeit je nach Hochschule bei bis zu 149 Euro.

Darlehensmodell. Mit der Rückzahlung eines eventuell in Anspruch genommenen Darlehens zur Finanzierung der Studiengebühren muss spätestens zwei Jahre nach Studienende begonnen werden, wenn ein Mindesteinkommen von 1170 Euro netto überschritten wird (zuzüglich 535 Euro für einen nicht verdienenden Ehepartner und 485 Euro für jedes Kind). Jeder Darlehensnehmer kann selbst entscheiden, wie viel er monatlich zurückzahlt, mindestens aber 20 Euro.

Kurzüberblick Studiengebühren Saarland

Verwaltungskosten	keine
Semesterbeitrag	bis 149 €; legen die Hochschulen individuell fest
Langzeitstudium/ Studienkonto	keine; eventuell bald bis zu 400 € pro Semester
Zweitstudium	keine; eventuell bald bis zu 400 € pro Semester
Aufbaustudium	legen die Hochschulen individuell fest
Gasthörer	61,30 – 91,30 € pro Semester
Allgemeine	seit SS 2010: keine; bis dahin 300 – 500 € pro Semester

Dafür bleiben 25 Jahre Zeit. Wer seine Schulden schneller loswerden will, kann natürlich ohne Zusatzkosten vorzeitig tilgen. Die Schulden aus BAföG und Darlehen sind bei 15 000 Euro gedeckelt.

Ausblick. Seit Mitte 2010 steht es den Hochschulen des Saarlands frei, Gebühren für ein Langzeit- oder Zweitstudium bis zur Obergrenze von 400 Euro zu erheben. Die Hochschulen des Saarlandes wollen aber offenbar alle gemeinsam Gebühren einführen – oder es vielleicht sogar ganz lassen. In jedem Fall gibt es dahingehend noch keine Entscheidung. Mehr Infos dazu unter www.saarland.de/5513.htm.

Sachsen

Im Januar 2006 beschloss die sächsische Regierung, keine allgemeinen Studiengebühren einzuführen. Seitdem ist das Thema vom Tisch – und bleibt es vorerst wohl auch. Ministerpräsident Stanislaw Tillich wird mit den Worten zitiert, dass es mit ihm keine Studiengebühren geben werde. Laut dem 2009 geschlossenen Koalitionsvertrag von CDU und FDP sollen bei deutlicher Überschreitung der Regelstudienzeit allerdings Langzeitgebühren erhoben werden. Bisher wurden diese noch nicht eingeführt.

Status quo. Das Erststudium in Sachsen ist grundsätzlich kostenfrei, und Gebühren für Bummler gibt es bislang nicht – auch wenn die Pläne dazu wohl schon in der Schublade liegen. Das bedeutet, dass Studierende derzeit nur einen Semesterbeitrag von 92 bis 212,60 Euro berappen müssen und für ein Zweitstudium zwischen 300 und 450 Euro anfallen. Gasthörer zahlen je nach Hochschule zwischen 20 und 70 Euro pro Semester.

Ausblick. Wie viele andere Hochschulen in den ostdeutschen Bundesländern werben auch die sächsischen Unis mit der

Kurzüberblick Studiengebühren Sachsen

Verwaltungskosten	keine
Semesterbeitrag	92 – 212,60 €; legen die Hochschulen individuell fest
Langzeitstudium/ Studienkonto	keine
Zweitstudium	300 – 450 € pro Semester
Aufbaustudium	bis 1 500 € pro Semester
Gasthörer	20 – 70 € pro Semester
Allgemeine	keine

Gebührenfreiheit um mehr Studenten. Darum werden allgemeine Gebühren wohl auch unter Schwarz-Gelb nicht kommen – sehr wahrscheinlich aber Langzeitstudiengebühren. Weitere Infos finden Sie unter www.studieren.sachsen.de und www.pack-dein-studium.de.

Sachsen-Anhalt

Anfangs wollte sich die Landesregierung von Sachsen-Anhalt hinsichtlich allgemeiner Studiengebühren zurückhalten, dann plötzlich doch Gebühren einführen. So kam es, dass Sachsen-Anhalt zu den Klägerländern in Karlsruhe gehörte. Noch kurz vor der Landtagswahl 2006 kündigte der damalige parteilose Kultusminister Jan-Hendrik Olbertz mehrfach an, er wolle in Ruhe über ein „intelligentes und sozial ausgewogenes System einer Kostenbeteiligung der Studenten" diskutieren. Doch mit der Wahl kam alles anders. Denn CDU und SPD verständigten sich als neue Koalitionspartner in ihren Verhandlungen darauf, in den kommenden Jahren auf Studiengebühren zu verzichten.

Status quo. Bummler werden bereits seit dem Wintersemester 2005/2006 zur Kasse gebeten. Wer länger als vier Semester über Regelstudienzeit studiert, muss 500 Euro Langzeitgebühr zahlen. Dabei zählen nicht nur die Fach-, sondern alle Hochschulsemester. Das Modell ähnelt dem in Baden-

Kurzüberblick Studiengebühren Sachsen-Anhalt

Verwaltungskosten	keine
Semesterbeitrag	bis zu 66,50 €; legen die Hochschulen individuell fest
Langzeitstudium/ Studienkonto	500 € pro Semester ab dem 5. Semester über Regelstudienzeit
Zweitstudium	500 € pro Semester
Aufbaustudium	legen die Hochschulen individuell fest
Gasthörer	rund 50 € pro Semester; legen die Hochschulen individuell fest
Allgemeine	keine

Württemberg, ist jedoch ein wenig studentenfreundlicher. Denn wer innerhalb der ersten beiden Semester seinen Irrtum erkennt und das Fach wechselt, für den werden diese nicht mitgezählt. Laut Hochschulgesetz können die Universitäten für Weiterbildungs-, Aufbau- und Zweitstudiengänge Gebühren erheben, ebenso von Senioren. Deren Höhe legen die Hochschulen fest. Zudem regeln sie die Überlassung von Lernmitteln oder die Nutzung von Hochschuleinrichtungen und die Kosten für den Semesterbeitrag von bis zu 66,50 Euro individuell. Promovierende sind davon ausgenommen. Oft werden 50 Euro Rückmeldegebühr fällig.

Ausblick. Die neue Landesregierung dürfte bis zur nächsten Wahl keine allgemeinen Studiengebühren einführen. Weitere Infos unter www.studieren-in-sachsen-anhalt.de.

Schleswig-Holstein

In der Regierungszeit der ehemaligen Ministerpräsidentin Heide Simonis waren Studiengebühren in Schleswig-Holstein kein Thema. Doch nach dem Regierungswechsel 2005 war wieder alles offen. Während sich die SPD nach wie vor gegen Gebühren wehrt, hätte die neue Regierung unter Ministerpräsident Peter Harry Carstensen diese gerne eingeführt. Doch davon ist im Hochschulgesetz, das zum 1. April 2007 in Kraft trat, keine Rede mehr. Im Dezember 2006 einigten sich

Kurzüberblick Studiengebühren Schleswig-Holstein

Verwaltungskosten	keine
Semesterbeitrag	83 – 101 €; legen die Hochschulen individuell fest
Langzeitstudium/ Studienkonto	keine
Zweitstudium	keine
Aufbaustudium	legen die Hochschulen individuell fest
Gasthörer	rund 100 € pro Semester; legen die Hochschulen individuell fest
Allgemeine	keine

CDU und SPD darauf, in der kommenden Legislaturperiode auf Studiengebühren zu verzichten. Und auch vor der (vorgezogenen) Landtagswahl im September 2009 haben sich alle Parteien mehr oder weniger deutlich dagegen ausgesprochen.

Status quo. Derzeit ist Studieren in Schleswig-Holstein noch sehr günstig. Es werden keine Verwaltungsgebühren erhoben, an manchen Unis lediglich eine Immatrikulationsgebühr für Erstsemester in Höhe von 50 Euro. Ein Zweitstudium ist kostenlos, die Gebühren für ein Aufbaustudium kann jede Hochschule selbst festlegen. Gasthörer zahlen in der Regel 100 Euro pro Semester. Und der Semesterbeitrag liegt derzeit je nach Hochschule zwischen 83 und 101 Euro.

Ausblick. Seit dem Regierungswechsel 2009 spricht sich selbst die CDU mehr oder weniger gegen die Einführung allgemeiner Studiengebühren aus. Ob andere wie Langzeitstudiengebühren oder Verwaltungskostenbeiträge kommen, wird sich zeigen. Weitere Infos finden Sie im Internet unter **www.schleswig-holstein.de/wissenschaft** unter dem Menüpunkt Studieren in Schleswig-Holstein.

Thüringen

Anfang 2005 beschloss der damalige Ministerpräsident Dieter Althaus, es solle in Thüringen vorerst keine allgemeinen Studiengebühren geben. Seitdem ist das Erststudium dort kostenfrei.

Status quo. Seit 2003 müssen Studenten jedoch zahlen, wenn sie für ihr Studium zu lange brauchen. Finanziell bringt das den Universitäten und dem Landeshaushalt wenig, da viele ihr Studium schnellstmöglich beenden. Dennoch hat der Landtag Langzeitgebühren in Höhe von 500 Euro ab dem fünften Semester über Regelstudienzeit zugestimmt, wobei alle Hochschulsemester zählen. Wer ein zweites Studium dranhängen möchte, bei dem werden die Regelstudienzeiten beider Studiengänge zusammengezählt. Dann muss nur zahlen, wer länger braucht. Das gilt jedoch lediglich, wenn das Erststudium mit überdurchschnittlichen Noten abgeschlossen wurde oder ein Zweitstudium zwingend notwendig ist. Ansonsten wird es teuer: Die Gebühren für Gasthörer liegen zwischen 25 und 150 Euro pro Semester und variieren für ein Aufbaustudium von Hochschule zu Hochschule. Der Semesterbeitrag liegt beträgt zwischen 28 und 153,30 Euro.

Kurzüberblick Studiengebühren Thüringen	
Verwaltungskosten	seit SS 2010: keine
Semesterbeitrag	28 – 153,30 €; legen die Hochschulen individuell fest
Langzeitstudium/ Studienkonto	500 € pro Semester ab dem 5. Semester über Regelstudienzeit
Zweitstudium	500 € pro Semester ab dem 5. Semester über der Summe der Regelstudienzeiten
Aufbaustudium	legen die Hochschulen individuell fest
Gasthörer	25 – 150 € pro Semester
Allgemeine	keine

Ausblick. Für ein CDU-regiertes Bundesland steuert Thüringen seit Jahren einen ungewöhnlichen Kurs. Da weder SPD, Grüne, Linke noch die CDU allgemeine Studiengebühren wollen, wird es auch zukünftig aller Wahrscheinlichkeit nach keine geben. Infos unter www.thueringen.de/de/tmbwk/, dort unter dem Menüpunkt Wissenschaft.

Ausblick

Bildung nicht mehr grundsätzlich kostenfrei zur Verfügung zu stellen – das kam in Deutschland einem Paradigmenwechsel gleich. Allerdings sieht es derzeit eher so aus, als würde die Republik bald wieder gebührenfrei. Nur noch vier der sechzehn deutschen Bundesländer erheben derzeit allgemeine Studiengebühren: Davon plant Baden-Württemberg deren Abschaffung zum Sommersemester 2012, Hamburg zum Wintersemester 2012/2013. Es sieht also ganz danach aus, als wäre die flächendeckende Einführung des Bezahlstudiums vorerst gestoppt.

Das Hauptproblem ist wohl im Föderalismus zu sehen. Jeder kocht sein eigenes Süppchen, und so variieren die Gebührenpläne stark von Bundesland zu Bundesland. Entstanden ist ein Gebührenwirrwarr, das nur wenige durchblicken. Zudem ist nach wie vor nicht geklärt, was passiert, wenn jemand den Studienort und das Bundesland wechselt. Und damit auch nicht die Frage, ob man Kredite bundeslandüberschreitend mitnehmen kann und/oder nach Studienende Darlehen verschiedener Bundesländer gleichzeitig getilgt werden müssen.

Übersicht: So viel müssen Sie pro Semester in den einzelnen Bundesländern zahlen

	Bereits geltende Gebühren	Allgemeine Studiengebühren	Verwaltungskosten	Semesterbeitrag
Baden-Württemberg	25–150 € für Gasthörer; variierende für Aufbaustudium: mindestens 500 €	seit SS 2007: 500 €; werden zum SS 2012 abgeschafft	40 €	ca. 70 €
Bayern	Gasthörer max. 100 €	seit SS 2007: 300–500 € an Unis; 100–500 € an FHs	—	42–89,38 €
Berlin	15 € pro SWS für Gasthörer; variierende für Weiterbildungs-Studiengänge	—	50 €	bis 250 €
Brandenburg	variierende für Aufbaustudium und Gasthörer	—	51 €	bis 250 €
Bremen	14 Sem. Studienguthaben; danach 500 € Gebühr; variierende für Aufbaustudium und Gasthörer	—	50 €	ca. 170 €
Hamburg	variierende für Gasthörer und Aufbaustudium	seit WS 2008/2009: 375 €; werden evtl. zum WS 2012/2013 abgeschafft	50 €	ca. 210 €
Hessen	50–500 € für Gasthörer; variierende für Aufbaustudium	—	50 €	183–247 €
Mecklenburg-Vorpommern	Gasthörer: 50–390 €; variierende für Zweit- und Aufbaustudium	—	bis 50 €	47–122 €
Niedersachsen	Langzeitgebühren ab 5 Sem. über Regel: 600–800 € pro Sem. (400–533 € pro Trimester); 50–125 € für Gasthörer; Senioren über 60 Jahre: 800 €	seit SS 2007: 500 € (333 € pro Trimester)	75 € (50 € pro Trimester)	53–223 €

Stand: Juni 2011   Fortsetzung →

Übersicht: So viel müssen Sie pro Semester in den einzelnen Bundesländern zahlen

	Bereits geltende Gebühren	Allgemeine Studiengebühren	Verwaltungskosten	Semesterbeitrag
Nordrhein-Westfalen	ca. 100 € für Gasthörer	0–500 €; werden zum WS 2011/2012 abgeschafft	–	140–240 €
Rheinland-Pfalz	Studienkontenmodell: 650 € pro Sem. nach Überziehen der Regelstudienzeit um das 1,75-Fache; Senioren über 60: 650 €; Gasthörer: 120–250 €	–	–	bis 234 €
Saarland	61,30–91,30 € für Gasthörer; variierende für Aufbaustudium	seit SS 2010: keine	–	bis 149 €
Sachsen	300–450 € für Zweitstudium; bis 1 500 € für Aufbaustudium; Gasthörer: 20–70 €	–	–	92–212,60 €
Sachsen-Anhalt	500 € für Langzeitstudierende ab 5. Sem. über Regelstudienzeit; variierende für Aufbau- und Zweitstudium; Gasthörer: rund 50 €	–	–	bis 66,50 €
Schleswig-Holstein	variierende für Aufbaustudium; Gasthörer: ca. 100 €	–	–	83–101 €
Thüringen	500 € für Langzeitstudierende ab 5. Sem. über Regelstudienzeit; 25–150 € für Gasthörer und Aufbaustudium	–	–	28–153,30 €

Stand: Juni 2011

Studienfinanzierung

Ausbildungsunterhalt

Da mehr als 90 Prozent der Studierenden in Deutschland finanziell von ihren Eltern unterstützt werden, ist deren Unterhalt die wohl wichtigste Säule der Studienfinanzierung. Doch die wenigsten Mütter und Väter wissen, wie viel sie ihren studierenden Kindern eigentlich zahlen müssten, wie der Unterhalt berechnet wird und was sie machen sollen, wenn sie das Geld nicht aufbringen können.

Grundsätzliches

Es wäre schön, an dieser Stelle einfach schreiben zu können, dass Studenten generell Unterhalt von den Eltern zusteht und in welcher Höhe. Doch so leicht ist es nicht. Das deutsche Unterhaltsrecht ist sehr kompliziert, und letzten Endes kommt es immer auf den Einzelfall an. Auf der einen Seite sollen Eltern nicht unnötig finanziell belastet werden, auf der anderen Seite bedürftige Kinder genug zum Leben haben. Eines der Hauptprobleme besteht darin, dass es keine konkreten gesetzlichen Regelungen zum Unterhaltsanspruch gibt.

Laut Bürgerlichem Gesetzbuch (BGB) sind Eltern grundsätzlich dazu verpflichtet, ihren Kindern Unterhalt zu leisten. Das gilt übrigens nur für die leiblichen und nicht für Stiefeltern. Da die Unterhaltspflicht für den Empfänger kein Freibrief zum Faulenzen sein soll, gibt es Einschränkungen. Beispiel Volljährigkeit: Ein erwachsenes Kind kann zwar eigentlich keinen finanziellen Zuschuss mehr erwarten, da ab diesem Zeitpunkt jeder selbst für seinen Unterhalt aufkommen muss. Doch während einer Ausbildung,

> **§§ 1601 bis 1615 BGB: Verwandtenunterhalt**
> Nicht nur Eltern, sondern auch Großeltern – also Verwandte in gerader Linie – sind Kindern gegenüber unterhaltspflichtig. Dabei wird zwischen Minderjährigen und Volljährigen unterschieden. Bei Letzteren hängt der Unterhaltsanspruch davon ab, ob sie noch ohne Ausbildung sind, sich in der Erstausbildung befinden oder schon die zweite machen.

also auch eines Studiums, gelten andere Regeln. Im Folgenden wird näher beleuchtet, welche das sind. Für den Fall, dass sich die Eltern getrennt haben, wird die Angelegenheit komplizierter. Noch schwieriger wird es, wenn ein Student verheiratet oder alleinerziehend ist. Denn dann kann auch der Ehepartner bzw. der Vater oder die Mutter des Kindes zur Unterstützung herangezogen werden.

Der Staat will mit diesem gesetzlichen Unterhaltsanspruch erreichen, dass jedes Kind eine gute Ausbildung erhält und somit autark werden kann. Gleichzeitig ist der Nachwuchs jedoch angehalten, die finanzielle Belastung der Eltern nicht unnötig zu verlängern. Angelegenheiten wie Unterhaltszahlungen sind in vielen Familien ein heikles Thema. Nichtsdestotrotz führt kein Weg daran vorbei. Viel hängt von guter Kommunikation ab. Daher ist es keine schlechte Idee, die Eltern während des Studiums ab und zu darüber zu informieren, wie weit man schon gekommen ist und was man gerade macht. Das Beste ist also, sich in Ruhe zusammenzusetzen, die Studienkosten zu überschlagen und sich gemeinsam zu überlegen, ob und wie sich das finanzieren lässt.

Wann und wie lange Eltern zahlen müssen

Bis zum 18. Lebensjahr müssen Eltern grundsätzlich zahlen. Danach bleibt es ihnen überlassen, ob sie ihrem Kind weiterhin etwas zum Lebensunterhalt zuschießen wollen. Während der Ausbildung gilt jedoch eine Ausnahme. Denn erst damit wird jemand in die Lage versetzt, sich selbst versorgen zu können. Deshalb sind Eltern auch während eines Studiums bis zum Ende des 25. Lebensjahres in der Pflicht. Selbst dann, wenn sie nicht mit der Ausbildung oder der Studienrichtung einverstanden sind. Im Anschluss daran gilt eine Übergangsfrist von rund drei Monaten, dann ist endgültig Schluss. Die Altersgrenze wurde im Januar 2007 von 27 auf 25 gesenkt. Befinden sich Volljährige nicht mehr in der Ausbildung, können sie nur dann Geld von ihren Eltern verlangen, wenn sie schwer krank oder aufgrund einer Behinderung arbeitsunfähig sind.

Ist die erste Ausbildung beendet, sind die Eltern in der Regel aus dem Schneider. Doch auch hier gelten Ausnahmen. Wenn eine nachfolgende Ausbildung zeitlich und sachlich mit der ersten zusammenhängt, gehen die Gerichte häufig davon aus, dass sie der Weiterbildung im Beruf dient. Dabei ist es völlig egal, ob sie von vornherein fest stand. Einzige Voraussetzung: Sie muss relativ zügig auf die erste folgen. Es ist oft sehr schwierig, genau abzugrenzen, was nun unter Weiterbildung fällt und was unter Zweitausbildung. Die Gerichte neigen jedoch zu einer gewissen Großzügigkeit zugunsten der Kinder.

Es soll ja auch Fälle geben, in denen Studenten länger als andere brauchen. Was machen Eltern also, wenn ihre Kinder bummeln? Grundsätzlich sind sie seit Neuestem nur bis zum Ende des 25. Lebensjahres in der Pflicht. Darüber hinaus gilt die Regelstudienzeit als Maßstab. Doch die Gerichte prüfen im Zweifelsfall auch, aus welchem Grund das Studium länger dauert und was den Eltern zuzumuten ist. Wenn ein Student krank ist oder seine Prüfungen nicht besteht, entfällt der Unterhaltsanspruch also nicht automatisch. Das kann erst dann der Fall sein, wenn sich abzeichnet, dass ein erfolgreicher Abschluss unwahrscheinlich ist.

Übrigens – wer als Student Geld erbt oder sonst noch genug auf dem Sparbuch bunkert, kann seine Eltern finanziell nicht in die Pflicht nehmen: Bis das Geld aufgebraucht ist, besteht kein Anspruch auf Unterhalt. Gleiches gilt für ein sogenanntes Parkstudium. Darunter wird die Einschreibung in ein Studienfach verstanden, um damit die Zeit bis zum Wunschstudium zu überbrücken. Solche Zeiträume muss ein Studierender grundsätzlich selbst finanzieren. Zudem müssen Eltern nur bis zum dritten Fachsemester einen Fachrichtungswechsel akzeptieren. Danach können sie darauf bestehen, dass ihr Kind das erste Studium zu Ende führt, oder die Zahlungen stoppen.

Bar- oder Naturalunterhalt

Es gibt den Bar- oder Naturalunterhalt: Das heißt, dass Studierende nicht automatisch Anspruch auf eine bestimmte Menge Geld von ihren Eltern haben. Die können entscheiden, wie sie ihr Kind unterhalten wollen. Falls sie vorschlagen, Sie sollten während des Studiums bei ihnen wohnen bleiben, können Sie also nicht fordern, dass Sie stattdessen ein Zimmer in einer Wohngemeinschaft finanziert bekommen. Anders sieht es aus, wenn Ihre Eltern sehr weit vom Hochschulort entfernt leben und es für Sie unzumutbar wäre, jeden Tag zu pendeln. Das wäre etwa bei drei Stunden Fahrt täglich der Fall.

Bestehen die Eltern auf Naturalunterhalt, können Sie als Kind entweder versuchen, sie vom Gegenteil zu überzeugen, oder müssen einwilligen. Es sei denn, es gibt gute, nachvollziehbare Gründe, die dagegen sprechen. Darunter fallen

Barunterhalt

Wie der Name schon vermuten lässt, wird darunter die Zahlung eines Geldbetrags verstanden. Der Barunterhalt ist die häufigste Unterhaltsform in Deutschland. Studierenden, die nicht bei den Eltern wohnen, steht derzeit ein Unterhalt von monatlich 670 Euro zu. Der notwendige Eigenbedarf – also das, was jedem erwerbstätigen Elternteil mindestens zum Leben bleiben muss – liegt derzeit bei 950 Euro. (Stand: 1. Januar 2011)

Naturalunterhalt

Bis zu ihrem Schulabschluss haben minderjährige Kinder häufig kein eigenes Einkommen. Sie sind somit bedürftig und müssen von den Eltern unterstützt werden. In der Regel kommen die ihrer Pflicht dadurch nach, dass sie ihrem Kind ein Dach über dem Kopf geben, es verpflegen, kleiden – also rundum versorgen. Diese Form wird Naturalunterhalt genannt. Volljährige unverheiratete Kinder bis zur Vollendung des 21. Lebensjahres haben über diesen Grundanspruch hinaus Anrecht auf ein Taschengeld. Und zwar dann, wenn sie im Haushalt der Eltern leben und sich noch in der allgemeinen Schulausbildung befinden. Darunter fallen beispielsweise Gymnasium und Fachoberschule, nicht aber die Berufsschule.

beispielsweise körperliche Grausamkeiten, zu wenig Platz in der Wohnung oder ein Hausverbot für Freund oder Freundin. Dann kann beim zuständigen Vormundschaftsgericht beantragt werden, die Entscheidung der Eltern abzuändern. Bei normalen Familienverhältnissen hat ein Student aber in der Regel keine Handhabe gegen den Willen der Eltern.

Wie viel gezahlt werden muss

Es wäre schön, wenn man ein paar Daten in einen Rechner eingeben könnte, der sofort ausspuckt, wie viel Unterhalt einem zusteht. Leider gibt es so etwas nicht, da die Höhe von verschiedenen Faktoren abhängt. Das Bürgerliche Gesetzbuch schreibt lediglich vor, dass der Unterhalt „angemessen" sein muss. Doch was heißt das? Für minderjährige Kinder gibt es eine Regelbetrag-Verordnung. Die gilt jedoch nicht für Volljährige. In den meisten Fällen orientieren sich die Gerichte daher an der sogenannten Düsseldorfer Tabelle (→ Seite 72). Sie ist die wohl bekannteste Tabelle deutscher Oberlandesgerichte, die Richtlinien für die Höhe des Unterhalts veröffentlichen.

> **§ 1610 BGB: Maß des Unterhalts**
>
> (1) Das Maß des zu gewährenden Unterhalts bestimmt sich nach der Lebensstellung des Bedürftigen (angemessener Unterhalt).
>
> (2) Der Unterhalt umfasst den gesamten Lebensbedarf einschließlich der Kosten einer angemessenen Vorbildung zu einem Beruf, bei einer der Erziehung bedürftigen Person auch die Kosten der Erziehung.

Landet ein Fall vor dem Familiengericht, ermittelt dieses erst einmal das gesamte Einkommen der Eltern, um herauszufinden, was dem Studierenden zusteht. Dabei können Schulden, Beiträge zur Altersvorsorge und Ähnliches steuerlich geltend gemacht werden. Vom berechneten Nettoeinkommen wird ein angemessener Selbstbehalt von 1 150 Euro pro Elternteil abgezogen. Notwendig statt angemessen sind derzeit laut Düsseldorfer Tabelle nur 950 Euro. (Stand: 1. Januar 2011) Wenn nach Abzug des Eigenbedarfs etwas übrig bleibt, müssen die Eltern ihrem Kind Unterhalt zahlen. Wie viel, hängt unter

anderem davon ab, ob es noch zu Hause lebt oder beispielsweise ein eigenes Zimmer in einer WG hat. Als Orientierungswert für ein volljähriges studierendes Kind, das nicht bei seinen Eltern wohnt, gilt ein Regelbedarf von 670 Euro pro Monat. Beiträge zur Kranken- und Pflegeversicherung sowie Studiengebühren sind in diesem Betrag noch nicht enthalten. Im Gegenzug zu dieser Verpflichtung erhalten die Eltern Kindergeld und Steuerfreibeträge vom Staat.

Allerdings ist es nicht so, dass einem Studierenden grundsätzlich dieser volle Betrag zusteht. Denn eigene Einkünfte mindern die Unterhaltspflicht der Eltern entsprechend. In der Regel wird alles vom Bedarfssatz abgezogen, was nebenher verdient wird. Dazu gehören Praktikumsentgelte ebenso wie BAföG, Halbwaisenrente sowie Stipendien. Welche Neben-

> **Düsseldorfer Tabelle**
>
> Die unterhaltsrechtliche Tabelle des Oberlandesgerichts Düsseldorf – die Düsseldorfer Tabelle – finden Sie im Internet auf der Seite des Bundesfamilienministeriums www.bmfsfj.de unter dem entsprechenden Suchbegriff.
>
> Seit dem 1. Januar 2008 wird die für den früheren Ostteil Berlins konzipierte „Berliner Tabelle" nicht mehr angewendet.

jobs konkret angerechnet werden, lässt sich nicht pauschal sagen, da das im Ermessen der Richter liegt. Ein wichtiges Kriterium scheint jedoch zu sein, ob sich durch den Job das Studium hinauszögert. In diesem Fall könnte der Richter einen höheren Betrag anrechnen und dem Studierenden damit weniger Unterhalt zusprechen, da die Eltern länger für ihn zahlen müssten.

Was passiert, wenn Eltern nicht zahlen

Leider hängt in manchen Familien der Haussegen schief. So kommt es immer wieder vor, dass Eltern sich weigern, ihre Kinder während der Ausbildung zu unterstützen. Einige reagieren darauf mit: „Ich schaffe das schon allein!" Andere ziehen vor Gericht, um ihren Unterhalt einzuklagen. Wenn Sie so etwas vorhaben, sollten Sie bedenken, dass das nicht

Düsseldorfer Tabelle

Nettoeinkommen des Barunterhaltspflichtigen	Altersstufen in Jahren				Vom Hundertsatz
	0–5	6–11	12–17	ab 18	
bis 1 500	317	364	426	488	100
1 501–1 900	333	383	448	513	105
1 901–2 300	349	401	469	537	110
2 301–2 700	365	419	490	562	115
2 701–3 100	381	437	512	586	120
3 101–3 500	406	466	546	625	128
3 501–3 900	432	496	580	664	136
3 901–4 300	457	525	614	703	144
4 301–4 700	482	554	648	742	152
4 701–5 100	508	583	682	781	160
ab 5 101 nach den Umständen des Falls					

Alle Beträge in Euro Stand: 1. Januar 2011
Quelle: Bundesministerium für Familien, Senioren, Frauen und Jugend (BMFSFJ)

gerade zum Familienfrieden beiträgt, eine Menge Zeit und Geld kostet und deshalb wohlüberlegt sein will. Außerdem kann es sein, dass Sie am Ende die Kosten des Rechtsstreits zu tragen haben. Falls Sie verlieren, kommt das nämlich auf Sie zu. Und Prozesskostenbeihilfe gibt es nur bei guten Erfolgsaussichten. Der beste Weg ist also, es erst einmal mit einem Gespräch und einer gütlichen Einigung zu versuchen.

Führt das zu keinem Ergebnis und können Studierende dem Amt für Ausbildungsförderung glaubhaft vermitteln, dass ihre Eltern für die erste Ausbildung nicht zahlen wollen oder keine Formulare ausfüllen, werden sie in dieser Zeit nach § 36 BAföG gefördert. Damit übernimmt das jeweilige Bundesland den Unterhalt und holt sich das Geld eventuell per Klage von den Eltern zurück. So manche Mutter oder mancher Vater hat jedoch bereits lange gezahlt und sieht nicht ein, das Kind nach der ersten Ausbildung noch weiter finanziell zu unterstützen. Durchaus nachvollziehbar, wenn das Kind schon Ende Zwanzig ist oder sein Fachabitur über den zweiten Bildungsweg machen und im Anschluss noch studieren will.

Weisen die Eltern dann nach, dass sie nicht mit dieser Verlängerung rechnen konnten, können sie der Unterhaltspflicht entkommen. Denn auch in diesem Fall springt der Staat mit elternunabhängigem BAföG ein (--> „Wie sich der Fördersatz berechnet", Seite 81 ff.). Gleiches gilt übrigens, wenn jemand fünf Jahre ohne betriebliche Ausbildung oder sechs Jahre mit betrieblicher Ausbildung erwerbstätig war. Denn es wäre wenig sinnvoll, Menschen zur Weiterbildung zu ermutigen und sie dann im Regen stehen zu lassen.

Im Grunde bleiben Studierenden also zwei Möglichkeiten, wenn die Eltern nicht zahlen wollen (abgesehen von der Option, Geld über Stipendien oder aus anderen Töpfen zu bekommen). Geht es um die erste Ausbildung, können Sie zum BAföG-Amt gehen und beantragen, elternunabhängig gefördert zu werden. Weigern sich die Eltern, eine Weiterbildung zu bezahlen, kann das Amt prüfen lassen, ob sie überhaupt noch in der Pflicht sind. Das funktioniert über das sogenannte Vorausleistungsverfahren (⇢ „Wie sich der Fördersatz berechnet", Seite 81 ff.). Indem Sie das beantragen, wird Ihnen zunächst unabhängig vom Einkommen der Eltern BAföG ausbezahlt. Stellt sich heraus, dass diese zahlen müssten, holt sich das Amt die Vorausleistung gegebenenfalls von den Eltern wieder – notfalls per Gerichtsbeschluss. Wenn von vornherein klar ist, dass Sie keinen Anspruch auf weitere Förderung haben, ist so etwas jedoch unsinnig.

Wie Eltern entlastet werden

Um Eltern finanziell zu entlasten, zahlt ihnen der Staat in der Regel Kindergeld oder räumt Steuerfreibeträge ein, bis der Nachwuchs volljährig ist. Beides gleichzeitig geht nicht: Die Eltern müssen sich für eines von beidem entscheiden. Wählen sie das Kindergeld, verlängert sich die Zahlung bis längstens zum Ende des 25. Lebensjahres, weil der Nachwuchs während der Ausbildung unterstützt werden muss. Wenn Sie studieren, bekommen Ihre Eltern für Sie also weiterhin 184 Euro Kindergeld pro Monat (Stand: Juni 2011). Ab Kind Nummer drei gibt es 190 Euro, ab dem vierten sogar 215 Euro. Leistet jemand Wehr-, Zivil- oder Bundesfreiwilligendienst, verlängert sich der Zeitraum entsprechend.

Neben dem Erststudium wird auch ein Aufbau- und Ergänzungsstudium von der Familienkasse anerkannt, wenn es mit einer Prüfung abgeschlossen wird. Gleiches gilt für ein Praktikum – ohne Prüfung. Nicht akzeptiert wird, wenn das Kind lediglich als Gasthörer an Vorlesungen oder Übungen teilnimmt. In manchen Fällen haben die Eltern sogar noch Anspruch auf Kindergeld, wenn ihr Kind bereits verheiratet ist. Nämlich dann, wenn das Einkommen des Ehepartners so gering ist, dass die Eltern weiterhin Geld zuschießen müssen. Auch in Übergangszeiten, wie beispielsweise von der Schule bis zum Studienbeginn, wird Kindergeld gezahlt. Vorausgesetzt, dazwischen liegen maximal vier Monate. Doch Vorsicht: Verdienen Sie sich neben dem Studium etwas dazu, müssen Sie auf die Höhe Ihrer Einkünfte achten, damit der Kindergeldanspruch nicht entfällt. Die kritische Grenze liegt bei 8 004 Euro im Jahr. Vom Bruttolohn werden Sozialabgaben und ein Werbungskostenpauschbetrag in Höhe von 1 000 Euro abgezogen. Den hat die Bundesregierung im Februar 2011 von 920 Euro auf 1 000 Euro angehoben – rückwirkend für ganz 2011. Was übrig bleibt, darf diesen Betrag nicht überschreiten. Der 50-prozentige Zuschussanteil der BAföG-Förderung wird übrigens mitgerechnet. Übersteigen Ihre Einkünfte diese Grenze auch nur um einen einzigen Euro, müssen Ihre Eltern das Kindergeld für das gesamte Jahr zurückzahlen. Auch sonst fallen alle steuerlichen Vergünstigungen weg. Es ist also besser, nicht zu knapp zu kalkulieren (→ „Jobben", Seite 148 ff.).

> **» Kindergeld**
> Ausführliche Informationen zum Thema Kindergeld finden Sie auf der Internetseite der Arbeitsagentur unter www.arbeitsagentur.de, Informationen für BürgerInnen, Suchwort Kindergeld.

Ab der Volljährigkeit steht die Hälfte des Kindergelds grundsätzlich dem Kind zu, obwohl es weiterhin an die Eltern ausbezahlt wird. Weigern die sich, Unterhalt zu leisten oder zahlen sie weniger an ihr Kind, als sie Kindergeld bekommen, kann die Familienkasse das Geld auf Verlangen auch direkt an das Kind auszahlen. Beantragt wird das Kindergeld übrigens schriftlich bei der zuständigen Familien- und Kindergeldkasse, die in der Regel bei der Arbeitsagentur angesiedelt ist. Jedes Jahr spätestens im Oktober verlangt sie einen Nachweis, dass das Kind noch studiert. Normalerweise reicht dafür die aktuelle Immatrikulationsbescheinigung. Der staatliche Geldsegen endet mit dem Monat, in dem das Kind seine Prüfungsergebnisse bekommt. Auch wenn es nach der Abschlussprüfung weiter an der Hochschule immatrikuliert ist.

BAföG

Viele Eltern sind aufgrund ihrer finanziellen Situation nicht in der Lage, ihrem Kind ein Studium zu finanzieren. Damit nicht nur gutsituierte Kinder in den Genuss einer höheren Ausbildung kommen, springt der Staat bei Bedarf mit BAföG ein. Das ist die Abkürzung für Bundesausbildungsförderungsgesetz, welches 1971 eingeführt wurde. Es soll jedem jungen Menschen die Möglichkeit geben, unabhängig von seiner sozialen und wirtschaftlichen Situation eine Ausbildung zu machen, die seinen Fähigkeiten und Interessen entspricht.

> **BAföG**
>
> Die staatliche Unterstützung von Studenten ist im Bundesausbildungsförderungsgesetz geregelt – üblicherweise BAföG abgekürzt. Umgangssprachlich wird auch die Förderung selbst mit diesem Begriff bezeichnet. BAföG gibt es zur Hälfte als direkten Zuschuss, zur anderen als zinsloses Darlehen, das nach dem Studium an das Bundesverwaltungsamt zurückgezahlt werden muss.

Das BAföG ist eine staatliche Geldleistung, die zu zwei Dritteln vom Bund und zu einem Drittel von den Ländern finanziert wird. Sowohl Schüler als auch Studierende können in deren Genuss kommen, in diesem Buch geht es jedoch nur um die Förderungsmöglichkeiten für Studenten. Seit 1990 zahlt der Staat kein Volldarlehen mehr, sondern gewährt BAföG zur Hälfte als Zuschuss und zur anderen Hälfte als zinslosen Kredit, der nach dem Studium zurückgezahlt werden muss. Die Höchstgrenze des Rückzahlbetrags liegt derzeit bei 10 000 Euro. Werden Studierende mit einem höheren Betrag gefördert, wird der darüber hinausgehende Teil erlassen. Dennoch lässt sich in der Regel allein über BAföG noch kein gesamtes Studium finanzieren.

Nach Angaben des Statistischen Bundesamts bekamen 2009 550 000 der knapp 2,2 Millionen Studenten in Deutschland BAföG. Seit der Reform 1998, als die Zahl der Geförderten auf einen Tiefstand gesunken war, steigt die Zahl der BAföG-Empfänger insgesamt wieder. Es wurden sowohl die Bedarfssätze als auch die Freibeträge erheblich angehoben. Und es könnten noch mehr Studierende profitieren, da viele ihren Anspruch nicht geltend machen. Vor allem Beträge bis 250 Euro werden zu selten abgerufen, weil Betroffene oft fälschlicherweise davon ausgehen, keinen Anspruch auf Förderung zu haben. Laut BAföG-Statistik wird ein Student in Deutschland derzeit mit durchschnittlich 434 Euro im Monat gefördert. Über den Daumen gepeilt haben Eltern von Studierenden, die teilweise mit BAföG gefördert werden, vor Steuerabzug und Sozialversicherungskosten rund 40 000 Euro pro Jahr zur Verfügung, bei Vollförderung nur rund 20 000 Euro.

Wer gefördert wird

Grundsätzlich können Studierende aller Studiengänge an staatlichen oder privaten Hochschulen und Fachhochschulen BAföG bekommen. Dazu gehört auch ein Vollzeitstudium an einer Fernuniversität. Die Ausbildung muss jedoch mindestens ein halbes Jahr dauern, damit die Förderung überhaupt beantragt werden kann. Da für Studiengänge wie Elektrotechnik oder Maschinenbau sogenannte Vorpraktika vorausgesetzt werden, zahlt der Staat auch dafür. Allerdings nur, wenn sie tatsächlich in der Studien- oder Prüfungsordnung vorgeschrieben sind. Diejenigen, die nur in ein Studium hineinschnuppern möchten oder freiwillig ein Praktikum absolvieren, gehen also beim BAföG leer aus.

Das gilt auch für Studierende, die ein Aufbau- oder Ergänzungsstudium an ihren ersten Abschluss dranhängen wollen. Damit sind eigenständige Studiengänge gemeint, die längstens vier Semester dauern und ein bereits abgeschlossenes Studium ergänzen und vertiefen. Diese werden – bis auf wenige Einzelfälle – seit 1998 nicht mehr mit BAföG gefördert. Welche Ausnahmen gemacht werden, erfahren Sie beim Amt für Ausbildungsförderung, das es in jedem Landkreis und jeder kreisfreien Stadt gibt. Übrigens wird auch eine Promotion nicht mit BAföG gefördert. Wer keine andere Möglichkeit hat, sein Studium zu finanzieren, kann in diesem Fall ein verzinsliches Bankdarlehen beantragen.

Was vorausgesetzt wird

Da BAföG in der Regel abhängig vom Einkommen der Eltern gezahlt wird, lässt sich nicht pauschal sagen, wer Anspruch auf die staatliche Förderung hat und wer nicht. Doch es gibt ein paar grundsätzliche Bedingungen:

Staatsangehörigkeit. Die deutsche Staatsbürgerschaft ist eine Voraussetzung dafür, dass ein Student theoretisch Anspruch auf BAföG hat. In bestimmten Fällen können jedoch auch ausländische Studenten Geld bekommen. Vom Grundsatz her förderungsberechtigt sind Ausländer/-innen, die

eine Bleibeperspektive in Deutschland haben und bereits gesellschaftlich integriert sind. Das sind unter anderem Personen mit einem Daueraufenthaltsrecht nach dem Freizügigkeitsgesetz/EU, einer Erlaubnis zum Daueraufenthalt-EG oder einer Niederlassungserlaubnis. Da es jedoch unzählige Ausnahmen gibt, fragen Sie am besten bei Ihrem zuständigen BAföG-Amt nach, ob eine davon auf Sie zutrifft.

Eignung. Zudem spielt eine Rolle, ob der Antragsteller die Förderung für das gewählte Studienfach auch verdient hat. In den ersten vier Semestern wird das einfach unterstellt, ab dem fünften Fachsemester jedoch über Leistungsnachweise geprüft. Ist in der Studien- oder Prüfungsordnung eine Zwischenprüfung bereits vor Beginn des dritten Fachsemesters verbindlich vorgeschrieben, hängt schon die Förderung für das dritte und vierte Semester von der Vorlage entsprechender Leistungsnachweise ab. Die werden von der Hochschule ausgestellt. Doch keine Sorge: In der Regel reicht es völlig aus, wenn Ihr Studium durchschnittliche Fortschritte macht.

Alter. Rückwirkend zum 1. Oktober 2010 gilt: Nur wer sein Masterstudium vor Vollendung des 35. Lebensjahres beginnt, kann in der Regel BAföG beantragen. Dabei ist nicht entscheidend, wann der Antrag gestellt, sondern die Ausbildung begonnen wird: Stichtag ist der Semesterbeginn. In Ausnahmefällen können Studenten auch dann Geld bekommen, wenn sie über 35 sind, beispielsweise wenn sie ihre Ausbildung über den zweiten Bildungsweg machen oder wegen der Erziehung eigener Kinder bisher keine Zeit für ein Studium hatten. Informieren Sie sich bei Ihrem BAföG-Amt, ob das auf Sie zutrifft.

Was neu ist

Was lange währt, wird endlich gut. Rückwirkend zum 1. Oktober 2010 wurde durch das 23. Gesetz zur Änderung des BAföG einiges verbessert:

Bedarfssätze. Diese wurden um 2 Prozent und die Freibeträge um 3 Prozent erhöht. Zudem wurden die Sozialpauschalen aktualisiert.

Altersvorsorge. Beiträge zur sogenannten Riester-Rente werden nun bei der Einkommensanrechnung in bestimmtem Umfang zugunsten der Auszubildenden berücksichtigt. Gleiches gilt für deren Altersvorsorgevermögen. Das der Eltern oder Ehepartner bzw. eingetragenen Lebenspartner bleibt von vornherein außer Betracht.

Mietkosten. Zuschläge werden künftig pauschal ohne besondere Nachweise berücksichtigt.

Anrechnung von Stipendien. Begabungs- und leistungsabhängige Stipendien werden bis zu einem Betrag von 300 Euro monatlich nicht auf das Einkommen im Sinne des BAföG angerechnet. Was nicht monatlich gezahlt wird, wird auf den Monatsschnitt umgerechnet.

BAföG-Altersgrenze. Für Masterstudiengänge wurde die allgemeine Altersgrenze, bis zu der eine Ausbildung aufgenommen werden muss, um nach dem BAföG gefördert werden zu können, von 30 auf 35 Jahre angehoben. Wer wegen Kindererziehung erst mit über 30 ein Studium aufnimmt, muss nicht mehr beweisen, dass das der Grund für die Verzögerung war. Zudem verschiebt sich die Altersgrenze ggf. bis zu dem Zeitpunkt, in dem die Kinder das 10. Lebensjahr vollenden.

Eingetragene Lebenspartnerschaften. Die Partner werden im BAföG Ehepaaren gleichgestellt und deren Einkommen somit bei einem BAföG-Antrag berücksichtigt.

Leistungsnachweise. Der beim BAföG erforderliche Nachweis für die Studienleistungen kann auch auf einer Leistungspunktzahl (ECTS) basieren.

Fachrichtungswechsel. Ein erstmaliger Wechsel der Fachrichtung aus wichtigem Grund führt künftig nicht mehr dazu, dass ein Teil des neuen Studiengangs nur noch mit Bankdarlehen gefördert wird. Es bleibt während der Förderhöchstdauer des gesamten neuen Studiums bei der Normalförderung – also hälftigem Zuschuss und zinslosem Darlehen.

Wie sich der Fördersatz berechnet

Bedarf

Gehen wir einmal davon aus, Sie erfüllen die oben genannten formalen Voraussetzungen und hätten somit theoretisch Anspruch auf BAföG. Dann haben Sie leider nur die erste Hürde genommen und sind noch lange nicht auf der Zielgeraden. Denn ob Sie tatsächlich Geld vom Staat bekommen und wenn ja, wie viel, hängt von weiteren Faktoren ab. Unter anderem auch von Ihrem finanziellen Bedarf während des Studiums.

Der lässt sich recht einfach berechnen, da es dem Staat nicht auf Ihre individuellen Kosten ankommt. Die werden gar nicht erst ermittelt, weil Einzelfallprüfungen zu lange dauern würden. Stattdessen errechnet das BAföG-Amt einen abstrakten Bedarf, also eine Summe, die ein durchschnittlicher Student in Deutschland derzeit für seinen Lebensunterhalt und seine Ausbildung benötigt. Dazu zählen Ausgaben für Lebensmittel, Unterkunft, Kleidung, Lehrbücher und Fahrtkosten. Dieser abstrakte Bedarf setzt sich aus einem Grund- und einem Wohnbedarf zusammen.

Beispiel: Lebt ein Student nicht mehr bei seinen Eltern, sondern in einer WG, hat er in den Augen des BAföG-Amts einen Grundbedarf von 373 Euro und einen Wohnbedarf von 224 Euro. Macht also monatlich 597 Euro. Der Wohnzuschlag von bis zu 72 Euro wurde abgeschafft und durch einen höheren Regelbedarf ersetzt. Mehr Geld gibt es, wenn er in der gesetzlichen oder einer privaten Krankenversicherung bei-

Bedarfssätze § 13

Ausbildungsstätten: Höhere Fachschulen, Akademien, Hochschulen		Gesetzliche Grundlage	Betrag im Jahr 2011
1. Unterbringung			
Zu Hause	Grundbedarf	§ 13 (1) Nr. 2	373 €
	Wohnpauschale	§ 13 (2) Nr. 1	49 €
Auswärtige Unterbringung	Grundbedarf	§ 13 (1) Nr. 2	373 €
	Wohnpauschale	§ 13 (2) Nr. 2	224 €
2. Krankenversicherungszuschlag		§ 13 a	62 €
3. Pflegeversicherungszuschlag		§ 13 a	11 €

Quelle: www.das-neue-bafoeg.de Stand: Juni 2011

tragspflichtig versichert ist: Das macht 62 Euro extra – jedoch nicht für familienversicherte Studenten. Für die Pflegeversicherung kommt noch ein Zuschlag von 11 Euro obendrauf. Alle Zuschläge zusammengerechnet, hat unser Student einen abstrakten Bedarf von 670 Euro. Der Staat nimmt also an, dass er monatlich so viel zum Leben braucht. Hätte unser Beispielstudent noch ein Kind unter 10 Jahre, das in seinem Haushalt lebt, kämen noch 113 Euro Kinderbetreuungszuschlag obendrauf. Für jedes weitere Kind 85 Euro.

Einkommen

Ob unser Beispielstudent diese monatliche Finanzspritze tatsächlich bekommt, hängt nun davon ab, ob seine eigenen Mittel und die seiner Eltern ausreichen würden, um sein Studium eigenständig zu finanzieren. Aus diesem Grund wird das Einkommen ermittelt, das der Familie dafür theoretisch zur Verfügung stünde. Das wiederum wird dann vom Bedarfssatz abgezogen. Steht ein positiver Betrag unter dem Strich, wird der Studierende in der entsprechenden Höhe mit BAföG gefördert.

Aber was zählt alles zum Einkommen? Damit ist nicht das übliche Brutto- oder Nettoeinkommen gemeint, sondern das „Einkommen im Sinne des BAföG".

Bedarfsberechnung

Bedarf nach dem BAföG
- anrechenbares Einkommen und Vermögen des Auszubildenden
- anrechenbares Einkommen des Ehepartners und der Eltern

= Förderbetrag nach dem BAföG

Dazu gehören das Einkommen und Vermögen des Studenten sowie gegebenenfalls das seines Ehepartners oder seiner Eltern. Der Staat geht nämlich davon aus, dass die Familie grundsätzlich unterhaltspflichtig ist. Daher springt er erst dann mit BAföG ein, wenn die finanzielle Belastung für diese unzumutbar wäre. Es wird zwischen elternabhängiger und elternunabhängiger Förderung unterschieden, wobei Letztere eher die Ausnahme bildet.

Elternabhängige Förderung. Zur Berechnung des Fördersatzes wird in der Regel das Einkommen aller Familienmitglieder addiert. Allerdings werden dabei unterschiedliche Zeiträume zugrunde gelegt. Beim Studierenden zählt das Einkommen, das er aktuell – das heißt im Bewilligungszeitraum – zur Verfügung hat. Nicht so bei Eltern und Ehepartner: Da ist entscheidend, wie hoch es im vorletzten Kalenderjahr vor Beginn des Bewilligungszeitraums war. Hintergrund ist, dass das Amt bei der Berechnung an den Steuerbescheid anknüpfen kann. Wird der BAföG-Antrag 2011 gestellt, zählt also das Einkommen von 2009. Ist es seitdem wesentlich gesunken, weil beispielsweise ein Elternteil arbeitslos geworden oder in Ruhestand gegangen ist, kann ein Aktualisierungsantrag gestellt werden. Sollten sich Ihre Eltern weigern, finanziell für Ihre Ausbildung aufzukommen, obwohl ihr Einkommen hoch genug ist, können Sie die Ausbildungsförderung auch als Vorausleistung vom Staat bekommen. So ist sichergestellt, dass Sie Ihr Studium dennoch beginnen können. Damit treten Sie gleichzeitig die Unterhaltsansprüche gegen Ihre Eltern an das BAföG-Amt ab. Das wird dann eventuell versuchen, sich das Geld über den Klageweg von den Eltern zurückzuholen.

 BAföG im Internet
Mehr Informationen zum Thema elternunabhängige und elternabhängige Förderung finden Sie im gleichnamigen Merkblatt auf der Internetseite www.das-neue-bafoeg.de. Die Website wird vom Bundesministerium für Bildung und Forschung betreut.

Elternunabhängige Förderung. Dass bei der Berechnung des BAföG-Fördersatzes das Einkommen der Eltern keine Rolle spielt, ist zwar die Ausnahme, kommt aber vor. Dann werden nur die Einkünfte des Antragstellers und gegebenenfalls des Ehepartners zugrunde gelegt.

Das ist dann der Fall, wenn:
- der Aufenthaltsort der Eltern unbekannt ist,
- die Eltern im Ausland leben und rechtlich oder tatsächlich keinen Unterhalt in Deutschland leisten können,
- das Studium nach Ende des 30. Lebensjahres begonnen (und ausnahmsweise dennoch gefördert) wird,
- der Antragsteller nach seinem 18. Lebensjahr schon fünf Jahre erwerbstätig war,
- der Antragsteller eine dreijährige Ausbildung plus drei Jahre Berufstätigkeit vorweisen kann.

Bei einer kürzeren Ausbildung muss die Berufszeit entsprechend länger gewesen sein, und Sie müssen sich in dieser Zeit auch selbst finanziert haben.

Berechnung

Von diesem „Einkommen im Sinne des BAföG" werden in einem ersten Schritt Steuern und Sozialabgaben abgezogen. Dabei richtet sich das Amt für Ausbildungsförderung in der Regel nach dem Steuerbescheid des Finanzamts. Für ein Haus oder eine Eigentumswohnung können Sonderausgaben geltend gemacht werden. Übrig bleibt das Einkommen, das dem BAföG-Antrag zugrunde gelegt wird. Da auch Eltern jeden Monat etwas zum Leben brauchen, bleiben bestimmte Beträge anrechnungsfrei. Das sind 1605 Euro, wenn die Eltern verheiratet sind und zusammenleben, 1070 Euro für einen alleinstehenden Elternteil, 535 Euro für einen Stiefelternteil und 485 Euro, falls es noch Geschwister gibt, die auch finanziell unterstützt werden müssen.

Doch damit ist die Rechnung noch nicht abgeschlossen. Von diesem Betrag werden nochmals 50 Prozent für die Eltern und 5 Prozent für jedes Kind abgezogen. Alle Freibeträge für Kinder gelten nur, wenn sie die Eltern finanziell belasten.

Einkommensfreibeträge § 23 und § 25

	Gesetzliche Grundlage	Betrag im Jahr 2011
1. Grundfreibetrag vom Elterneinkommen (wenn verheiratet und nicht dauerhaft getrennt lebend)	§ 25 (1) Nr. 1	1 605 €
2. Grundfreibetrag für alleinstehende Elternteile und den Ehepartner des Auszubildenden	§ 25 (1) Nr. 2	1 070 €
3. Freibetrag für Ehepartner, der nicht in Eltern-Kind-Beziehung zum Auszubildenden steht, also Stiefeltern	§ 25 (3) Nr. 1	535 €
4. Freibetrag für Kinder und weitere Unterhaltsberechtigte	§ 25 (3) Nr. 2	485 €
5. Freibetrag vom Einkommen des Auszubildenden	§ 23 (1) Nr. 1	255 €
6. Freibetrag für den Ehepartner des Auszubildenden	§ 23 (1) Nr. 2	535 €
7. Freibetrag für jedes Kind des Auszubildenden	§ 23 (1) Nr. 3	485 €
8. Freibetrag von der Waisenrente		
bei Bedarf nach § 12 (1) 1	§ 23 (4) Nr. 1	170 €
bei Bedarf nach den übrigen Regelungen	§ 23 (4) Nr. 1	125 €

Quelle: www.das-neue-bafoeg.de Stand: Juni 2011

Macht jemand die Härtefallregelung geltend, kann ein weiterer Teil des Einkommens anrechnungsfrei bleiben, beispielsweise wenn sich die Eltern um ein behindertes Kind kümmern. Was nach Abzug aller Freibeträge unter dem Strich übrig bleibt, ist der Anrechnungsbetrag, also der Betrag, mit dem nach Ansicht des Staates ein Studium finanziert werden kann. Haben die Eltern mehrere Kinder, die sie zeitgleich unterstützen müssen, wird er gleichmäßig auf alle verteilt.

Da Steuermittel fließen, bekommt nur derjenige Geld, der wirklich bedürftig ist. Daher muss ein Student zuallererst seine Ersparnisse einsetzen, um sein Studium zu finanzieren, nicht jedoch ein Sparguthaben bis zu 5 200 Euro; dieses Schonvermögen wird nicht angetastet. Falls Sie verheiratet sind, erhöht es sich um 1 800 Euro für den Ehepartner und um weitere 1 800 Euro für jedes Kind. Zudem kann über Ferien- und andere Nebenjobs bis zu einem bestimmten Betrag Geld verdient werden, ohne dass das BAföG gekürzt wird. Dieser Freibetrag liegt für Studenten ohne Kind derzeit bei 4 800 Euro brutto im Jahr, macht also 400 Euro monatlich. Das bedeutet, dass Auszubildende einem 400-Euro-Minijob nachgehen können, ohne dass ihnen Geld vom monatlichen Fördersatz abgezogen wird. Dagegen gilt ein Entgelt für ein Praktikum, das nicht in der Prüfungsordnung vorgeschrieben ist, als normales Einkommen.

Wegen der teils komplizierten Berechnung hat das Bundesministerium für Bildung und Forschung auf der Website www.das-neue-bafoeg.de Beispiele aufgelistet, wie sich der BAföG-Satz bei unterschiedlichen Voraussetzungen errechnet. Den eigenen Fördersatz können Studierende auf der Seite www.bafoeg-rechner.de/rechner/ selbst ermitteln.

Wie lange gefördert wird

Seit der BAföG-Reform 2001 bestimmt die Regelstudienzeit eines Studienfachs, wie lange ein Student gefördert wird. An Hochschulen sind es meist neun Semester, an Fachhochschulen acht Semester bei Studiengängen mit Praxisteil. Das heißt jedoch nicht, dass das BAföG auch neun Semester lang fließt. Wer beispielsweise in den ersten beiden Semestern jobbt, obwohl er einen Anspruch auf die Förderung hätte, bekäme dennoch nur bis zum neunten Fachsemester Geld vom Staat. Gleiches gilt, wenn die Eltern zu Beginn der Ausbildung zu viel verdienen und deshalb kein BAföG-Anspruch besteht. Machen Sie schwerwiegende Gründe wie eine psychische Krankheit geltend, werden Sie auch nach Ende der Regelstudienzeit finanziell unterstützt. Und zwar so viele Monate, wie Sie Zeit verloren haben.

Was aber, wenn die Förderzeit abgelaufen und das Studium noch nicht beendet ist? Für diesen Fall können Studenten ein verzinsliches Bankdarlehen aufnehmen, das nennt sich „Hilfe zum Studienabschluss". Es wird von der KfW-Förderbank gewährt. Der Antrag wird jedoch nicht dort, sondern beim zuständigen Amt für Ausbildungsförderung gestellt und auch entschieden. Geld gibt es für alle, die glaubhaft nachweisen, dass sie innerhalb von vier Semestern nach Überschreiten der Förderhöchstdauer zur Prüfung zugelassen werden. Die Hochschule muss bescheinigen, dass das Studium innerhalb dieser Zeit abgeschlossen werden kann. Die Rückzahlung des verzinslichen Darlehens plus Zinsen beginnt 18 Monate nach Ende der Förderung. Die Raten müssen mindestens 105 Euro betragen und der Gesamtbetrag muss innerhalb von 20 Jahren getilgt werden.

Wie, wann und wo der Antrag gestellt wird

Wie sich das in Deutschland gehört und bei der Verteilung von so viel Geld auch verständlich ist, müssen für die BAföG-Förderung einige Formblätter ausgefüllt werden. Die gibt es bei den Ämtern für Ausbildungsförderung – in den meisten Fällen also beim Studentenwerk der Hochschule – oder können aus dem Internet heruntergeladen werden. Auf **www.das-neue-bafoeg.de** besteht zum Teil die Möglichkeit, sie online auszufüllen und per E-Mail an das zuständige Amt zu schicken. Wer wofür zuständig ist, wird nach dem Wohn- oder Ausbildungsortprinzip geregelt. Das bedeutet, dass alle Studierenden ihren BAföG-Antrag grundsätzlich an das Amt für Ausbildungsförderung an ihrem Hochschulort stellen müssen.

Beim Erstantrag sind drei Formblätter auszufüllen. Der Bewilligungs- bzw. Ablehnungsbescheid trifft dann in der Regel zwei bis sechs Wochen später ein.

Formblatt 1 ist das eigentliche Antragsformular, auf dem Angaben zum Einkommen und Vermögen gemacht werden. Auf der dazugehörigen Anlage ist Platz für Informationen zum schulischen und beruflichen Werdegang oder den Antrag auf Kinderbetreuungszuschlag, sofern Sie Kinder haben.

Formblatt 2 ist die Bescheinigung über den Besuch der Hochschule. Alternativ können Sie auch einen Immatrikulationsnachweis einreichen. Das dritte Formblatt ist für Eltern oder Ehepartner bestimmt: Dort werden Angaben zu deren persönlichen und wirtschaftlichen Verhältnissen gemacht. Alle weiteren Formblätter sind für Einzelfälle reserviert: **Formblatt 5** beispielsweise für Leistungsnachweise, die Sie spätestens ab dem fünften Fachsemester erbringen müssen.

Auch mit Hilfe der Ausfüllhinweise ist es nicht ganz einfach, die Formblätter ordnungsgemäß zu bearbeiten. Doch keine

Beispiel: Hanna, 24 Jahre, Studentin, auswärts wohnend

Hanna studiert Medizin und wohnt in einem Wohnheim. Sie ist bei ihren Eltern beitragsfrei in der Kranken- und Pflegeversicherung mitversichert. Ihr Bruder Alexander absolviert eine Ausbildung zum Bankkaufmann und erhält dafür eine monatliche Ausbildungsvergütung von 733 Euro. Der Vater ist Hausmann. Die Mutter ist Angestellte und hatte vor zwei Jahren ein Bruttojahreseinkommen von 35 470 Euro. Sie zahlt in eine „Riester-Rente" ein.

Berechnung des Einkommens der Mutter im Sinne des BAföG	
Einkünfte aus nichtselbstständiger Arbeit	2 955,83 €
– Werbungskosten (mindestens ¹⁄₁₂ des jährlichen Arbeitnehmerpauschbetrags von 920 €; demnächst 1 000 €)	– 76,67 €
	2 879,16 €
– Sozialpauschale (21,3 Prozent bis zum Höchstbetrag von monatlich 1 008,33 €)	– 613,26 €
– tatsächlich geleistete Steuern (einschließlich Kirchensteuer und Solidaritätszuschlag)	– 261,10 €
– „Riester-Rente"	– 74,57 €
= Einkommen im Sinne des BAföG	**1 930,23 €**

Berechnung des Einkommens von Alexander im Sinne des BAföG	
Ausbildungsvergütung	733,00 €
– Freibetrag (nach Tz 21.1.32 BAföGVwV)	– 138,05 €
Anzurechnende Einnahmen im Sinne des BAföG	**594,95 €**

Panik: Sie können sich in diesem Fall ruhig an das Studentenwerk wenden und um Hilfe bitten. Die Mitarbeiter unterstützen Sie. An manchen Universitäten beziehungsweise Fachhochschulen bietet auch der Allgemeine Studierendenausschuss (AStA) eine Beratung zum BAföG an.

Wenn Sie unsicher sind, ob Sie überhaupt BAföG bekommen können, sollten Sie frühzeitig einen Antrag auf Vorabentscheidung stellen. Dann kann Ihnen das Amt schon frühzeitig verbindlich sagen, ob Sie „dem Grunde nach" förderungswürdig sind oder nicht. Es geht dabei weder um die Höhe

So errechnet sich Hannas BAföG-Fördersatz

Bedarfssatz für Hanna			
Grundbedarf Studentin			373,00 €
auswärts wohnend			+ 224,00 €
			597,00 €
Einkommen der Eltern im Sinne			
des BAföG		1 930,23 €	
abzüglich Grundfreibetrag			
– für die Eltern	1 605,00 €		
– für Alexander (der Freibetrag von			
485 € mindert sich um sein eige-			
nes Einkommen von 594,95 €) *	± 0,00 €		
	1 605,00 €	– 1 605,00 €	
		325,23 €	
Zusatzfreibetrag 55 Prozent			
(50 Prozent für die Eltern			
und 5 Prozent für Alexander)	162,62 €	– 162,62 €	
Anrechnungsbetrag vom			
Elterneinkommen		162,61 €	– 162,61 €
Förderungsbetrag			**434,39 €**

Hanna erhält Förderungsleistungen von monatlich 434 Euro (gerundet). Die eine Hälfte ist ein Zuschuss, die andere ein Staatsdarlehen in Höhe von jeweils 217 Euro.

* Grundsätzlich wird ein Freibetrag für Alexander gewährt, da er nicht in einer nach dem BAföG förderungsfähigen Ausbildung steht.

Quelle: Bundesministerium für Bildung und Forschung, www.das-neue-bafoeg.de

Formblätter

Bezeichnung	einzureichen
Formblatt 1: Antrag auf Ausbildungsförderung	Immer
Anlage 1 zum Formblatt 1: Schulischer und beruflicher Werdegang	Bei Erstantrag, nach Unterbrechung einer Ausbildung oder bei einem Antrag auf Förderung eines Ausbildungsaufenthalts im Ausland
Anlage 2 zum Formblatt 1: Kinder	Sofern Sie Kinder haben und einen Kinderbetreuungszuschlag beantragen möchten
Formblatt 2: Bescheinigung über den Besuch einer Ausbildungsstätte, die Teilnahme an einem Praktikum	Immer (durch den Faltbogen [Leporello] mit Immatrikulationsbescheinigung der Hochschule ersetzbar)
Formblatt 3: Einkommenserklärung des Ehepartners und/oder der Eltern	Immer (Ausnahme: elternunabhängige Förderung)
Formblatt 4: Zusatzblatt für Ausländer	Bei Erstantrag (nur nach ausdrücklicher Anforderung auszufüllen und vorzulegen)
Formblatt 5: Leistungsnachweis	Grundsätzlich ab dem fünften Fachsemester (teilweise schon ab dem 3. FS)
Formblatt 6: Antrag auf Ausbildungsförderung im Ausland	Im Fall eines Studiums oder Praktikums im Ausland
Formblatt 7: Aktualisierungsantrag bei Einkommensänderungen	Nach Bedarf
Formblatt 8: Antrag auf Vorausleistung	Nach Bedarf

Quelle: Bundesministerium für Bildung und Forschung, www.das-neue-bafoeg.de

des BAföG noch darum, ob elternabhängig oder -unabhängig gefördert wird. Sie haben dadurch lediglich die Gewissheit, dass Sie Geld vom Staat bekommen können und damit Ihre Ausbildung teilweise finanziert ist. Das Amt ist jedoch nur für ein Jahr an die Vorabentscheidung gebunden. Bis dahin müssen Sie Ihr Studium also aufgenommen haben.

Sie sollten Ihren BAföG-Antrag möglichst zeitig stellen, wenn Sie nicht zu Beginn Ihrer Ausbildung ohne Geld dastehen wollen. Denn BAföG wird frühestens ab dem Zeitpunkt gezahlt, an dem es beantragt wurde, jedoch niemals rückwirkend. Vorsicht ist bei Falschangaben geboten. Seit 2004 gleichen die BAföG-Ämter ihre Daten automatisch mit dem Finanzamt ab. Kommt heraus, dass Sie oder Ihre Familie falsche Angaben gemacht haben, kann ein Bußgeld in Höhe von 2 500 Euro gegen Sie verhängt werden. Wer bei seinem Antrag trickst, dem droht sogar eine Vorstrafe aufgrund falscher Angaben. Das kann beispielsweise Juristen oder angehende Lehrer ihre Karriere kosten.

In der Regel wird BAföG immer nur für ein Jahr bewilligt. Danach müssen Sie einen Wiederholungsantrag stellen, und zwar möglichst zwei Monate vor Ablauf der Förderung. Andernfalls kann es sein, dass die Zahlung unterbrochen wird. Sollten sich Ihre Einkommensverhältnisse oder die Ihrer Eltern ändern, können Sie übrigens jederzeit einen Änderungsantrag (**Formblatt 7**) stellen.

Was beim Studienabbruch oder Fachwechsel geschieht

Das Ziel des BAföG ist es, jedem bedürftigen jungen Menschen in Deutschland eine Ausbildung zu ermöglichen. Die Betonung liegt hier auf „eine" oder besser gesagt „die erste". Doch was passiert, wenn jemand sein Studium abbricht oder das Studienfach wechselt? Hat er dann noch Anspruch auf die staatliche Förderung?

Diese Frage lässt sich nicht pauschal mit Ja oder Nein beantworten. Doch seit Inkrafttreten des Änderungsgesetzes 2004 ist die Beantwortung einfacher geworden. Seitdem wird angenommen, dass generell ein wichtiger Grund vorliegt, wenn jemand erstmalig seine Fachrichtung bis zu Beginn des vierten Fachsemesters wechselt. In diesem Fall bedarf es keiner weiteren Begründung: BAföG wird weiterhin gezahlt.

Seit 2010 werden die bereits „verbrauchten" Semester des ersten Studiengangs nicht (mehr) berücksichtigt.

Wer nach dem dritten Fachsemester wechselt oder abbricht und erneut gefördert werden möchte, von dem will das Amt schriftlich eine gute Begründung haben. Zu diesen „unabweisbaren Gründen im Sinne des BAföG" zählen übrigens nicht die Überfüllung vieler Universitäten oder die schlechten Berufsaussichten eines Studienfachs. Es muss schon so etwas wie mangelnde intellektuelle oder körperliche Eignung für ein Fach vorliegen. Ein Abbruch liegt übrigens auch dann vor, wenn Sie die Art der Ausbildungsstätte wechseln: also von einer Universität zu einer Fachhochschule. Der Wechsel des Studienfachs wird Fachrichtungswechsel genannt. Bevor Sie sich schriftlich an das Amt wenden, sollten Sie sich ausgiebig informieren und beraten lassen, wie Sie Ihre Entscheidung am besten begründen.

Wie zurückgezahlt wird

Irgendwann kommt der Tag, an dem der Staat sein Geld zurück haben möchte. Zumindest den zinslosen Darlehensteil. Natürlich ist nur bei demjenigen etwas zu holen, der etwas hat. Will heißen, wenn jemand finanziell dazu in der Lage ist. Deshalb wartet das Bundesverwaltungsamt viereinhalb Jahre, bis es die Feststellungs- und Rückzahlungsbescheide verschickt. Es geht davon aus, dass die meisten ehemaligen BAföG-Empfänger bis dahin die berufliche Einstiegsphase hinter sich haben und somit ein wenig flüssiger sind. Im Bescheid steht die Höhe des Darlehens sowie die Rückzahlungsrate. Seit 2001 sind die Gesamtschulden des Darlehensteils bei 10 000 Euro gedeckelt. In der Regel ist es so, dass fünf Jahre nach Ende der Förderung in Raten von mindestens 105 Euro pro Monat für längstens 20 Jahre zurückgezahlt wird.

Doch auch wer fünf Jahre nach Beendigung der Förderung wenig verdient, muss keine Angst vor dem Gerichtsvollzieher haben. Hat jemand nur bis zu 1070 Euro netto monatlich zur Verfügung, kann die Rückzahlung auf Antrag ausgesetzt werden, bis es finanziell wieder besser läuft. Diese Einkommensgrenze erhöht sich gegebenenfalls um 535 Euro für einen Ehepartner und 485 Euro für ein Kind, wenn sie mitzuversorgen sind. In manchen Fällen werden die Raten auch vollständig erlassen. Nämlich dann, wenn jemand gar nicht oder nur in geringem Umfang erwerbstätig ist oder ein Kind betreut.

> **» BAföG-Rückzahlung auf einen Blick**
> - Seit 2001 ist der Darlehensteil auf maximal 10 000 Euro begrenzt.
> - Die Rückzahlungspflicht beginnt fünf Jahre nach Ende der Förderung in Raten von 105 Euro im Monat, zahlbar in 20 Jahren.
> - Durch vorzeitige Tilgung lässt sich Geld sparen. Je höher der Ablösebetrag, desto höher die erlassene Summe: maximal 50,5 Prozent.
> - Bei einem Verdienst von unter 1 070 Euro netto im Monat werden die Rückzahlungsraten ausgesetzt.
> - Die besten und schnellsten Studenten bekommen einen Teil der Darlehensschuld erlassen: bis 25 Prozent. Diese Regelung entfällt ab dem 1. Januar 2013.
> - In Härtefällen wird ganz auf die Rückzahlung des Darlehens verzichtet.

Hat jemand sein Studium besonders gut oder ungewöhnlich zügig abgeschlossen, kann das Verwaltungsamt dafür bis zu 2 560 Euro vom Schuldenberg abziehen. Diese Regelung entfällt allerdings zum 1. Januar 2013. Zudem honoriert es der Staat, wenn jemand seine Schuld vorzeitig tilgen möchte. Mit dieser Option lässt sich richtig Geld sparen. Sie müssen nur einen Antrag an das Verwaltungsamt stellen, bevor die Tilgungsfrist beginnt, und dann einen beliebigen Betrag zwischen der Mindestrate und der vollen Darlehenssumme vorzeitig abzahlen. Je höher der Ablösebetrag, desto höher die erlassene Summe: zwischen 8 und 50,5 Prozent.

Wann ein Auslandsaufenthalt gefördert wird

In Zeiten der Globalisierung und eines geeinten Europa sind Auslandsaufenthalte für Studenten heute eine Selbstverständlichkeit, ob im Rahmen eines Studiums oder Praktikums. Der Staat greift vielen von ihnen unter die Arme. Die Zahl der Geförderten, die einen Teil ihrer Ausbildung im Ausland machen, steigt kontinuierlich an. Die Regierungen der letzten Jahre haben zunehmend auf diese Veränderungen reagiert und die Möglichkeiten für studentische Auslandsaufenthalte verbessert.

So können mittlerweile viele Studenten auch für das gesamte Studium an einer ausländischen Hochschule BAföG bekommen, zumindest in Europa. Denn neuerdings kann auch eine Ausbildung an Berufsfachschulen, höheren Fachschulen, Akademien und Hochschulen innerhalb der EU und der Schweiz von Beginn an bis zum Erwerb des ausländischen Ausbildungsabschlusses gefördert werden. Wer eigentlich an einer deutschen Uni studiert und nur im Rahmen des Studiums für mindestens sechs Monate oder ein Semester ins Ausland will – auch außerhalb der EU –, wird in der Regel für maximal ein Jahr gefördert. Liegen besondere Gründe vor, sogar bis zu zweieinhalb Jahre. Dann überweist das Amt neben der normalen BAföG-Förderung zusätzlich Geld, um die Studiengebühren im Ausland zu decken. Das können bis zu 4600 Euro je Studienjahr sein. Reisekosten und Zusatzbeiträge zur Krankenversicherung gehen extra. Die Auslandszuschläge sind ein Zuschuss, der nicht zurückgezahlt werden muss.

Auch Praktika im Ausland werden gefördert. Sie müssen jedoch mindestens zwölf Wochen dauern und in der Studien- oder Prüfungsordnung vorgeschrieben sein. Wen es über die Grenzen der EU hinauszieht, der wird nur finanziell unterstützt, wenn das Praktikum besonders förderlich für den Studienerfolg ist. Ein Auslandsstudium oder Praktikum kann durchaus finanziell gefördert werden, wenn im Inland kein Anspruch auf BAföG besteht. Daher sollten Sie es auf einen Versuch ankommen lassen. Der Antrag geht in diesem Fall an das Auslandsamt der Hochschule und sollte mindestens sechs Monate vor Beginn des geplanten Auslandsaufenthalts gestellt werden.

Studiendarlehen

Neben BAföG oder dem Elternunterhalt gibt es noch weitere Optionen, das Studium zu finanzieren: nämlich über Bildungsfonds oder Studiendarlehen bzw. Studienkredite. Die Angebote sprossen wie Pilze aus dem Boden, nachdem viele Bundesländer angekündigt hatten, Studiengebühren einführen zu wollen.

Welche Arten es gibt

Die Kredite lassen sich grundsätzlich in drei Gruppen einteilen:

Kredite zur Deckung der Studiengebühren werden von den staatlichen Förderbanken der Bundesländer angeboten, die Gebühren einführen (⇢ „Internetadressen", Seite 189 ff.). Das Geld aus den Darlehen fließt in der Regel gar nicht erst auf die Konten der Studierenden, sondern direkt an die Hochschulen. Diese staatlichen Kredite bieten vor allem Vorteile für BAföG-Empfänger, da die meisten Bundesländer eine sogenannte Kappungsgrenze für die Schulden aus BAföG und Darlehen eingeführt haben.

Kredite zur Finanzierung der Lebenshaltung. Mit den Angeboten der KfW-Förderbank oder auch privater und öffentlich-rechtlicher Institute kommen Studierende ein Stückchen weiter. Denn dank der monatlichen Auszahlungsraten bis 800 Euro lassen sich die Kosten eines Studentenlebens mehr oder weniger finanzieren. Das hat den Vorteil, dass Studierende unabhängig von den Eltern studieren können, ohne nebenher jobben zu müssen. Durch die Zeitersparnis kann sich der Kredit selbst finanziell lohnen, weil der Berufseinstieg früher erfolgen kann.

Kredite von Bildungsfonds. Davon wird gesprochen, wenn die Finanzierung des Ausfallrisikos von Geldgebern über einen Fonds übernommen wird. Nach einer gewissen Zeit trägt sich das Ganze im besten Fall von selbst, da ja Rückzahlungen hineinfließen. Allerdings nur, wenn es nicht zu viele Ausfälle gibt. Eine solche Förderung wird beispielsweise vom Münchner Finanzdienstleister CareerConcept oder dem Frankfurter Unternehmen „Deutsche Bildung" angeboten. Dabei handelt es sich nicht um einen klassischen Kredit, sondern um eine Fondsförderung. Bewerber müssen sich in einem strengen Auswahlverfahren durchsetzen und werden, falls erfolgreich, monatlich mit bis zu 1000 Euro für Lebenshaltungskosten plus Studiengebühren gefördert. Das Geld dafür stammt von Anlegern, die Anteile am Fonds kaufen und später eine ordentliche Rendite sehen wollen. Der Vorteil dieser Art Förderung ist das überschaubare Risiko, da die Höhe der Rückzahlung nach Studienende vom Verdienst abhängt. Bei einem geringen Einkommen zahlt ein Absolvent also nur eine geringe Summe zurück in den Fonds.

Welches Darlehen für wen das Beste ist, lässt sich nicht pauschal sagen. Es gibt nicht „den Kredit": Jeder muss für sich den richtigen finden. Denn die Wahl hängt unter anderem von der Lebenssituation, vom Studienfach und den Vorstellungen des Studierenden ab. Ein durchschnittlicher Student, der nur die Studiengebühren finanzieren will, fährt in der Regel mit den Darlehen der Landesförderbanken oder der KfW gut.

Doch was versteckt sich hinter den einzelnen Begriffen? Was sind die Unterschiede? Worauf müssen Sie achten und wovon sollten Sie lieber die Finger lassen?

> **... Was ist eigentlich ein Kredit?**
>
> Ein Kredit ist das Eingehen einer Geldschuld mit zeitlich verzögerter Rückzahlung. Er wird auch als Darlehen bezeichnet. Es gibt verschiedene Arten von Krediten, die unterschiedliche Laufzeiten haben. Nach Ende der Auszahlungszeit muss das geliehene Geld samt Zinsen an die Bank zurückgezahlt werden. Der Dispositionskredit, den Sie von Ihrer Bank auf Ihrem Konto eingeräumt bekommen, ist in erster Linie ein Vertrauensbeweis. Erst wenn er tatsächlich in Anspruch genommen wird, entsteht ein Kredit im Sinne eines Rechtsverhältnisses.

Die Begriffe Studiendarlehen und Studienkredit werden häufig synonym verwendet. Studiendarlehen kann als Oberbegriff gelten, weil darunter auch Bildungsfonds fallen.
Alle Arten stehen für eine bestimmte Summe Geld, die ein Studierender während des Studiums zur Finanzierung seiner Lebenshaltungskosten und/oder Studiengebühren von Kreditinstituten bekommt. Das Geld muss wie bei einem normalen Kredit nach dem Studium samt Zinsen zurückgezahlt werden. Die Besonderheit im Vergleich zu einem normalen Kredit ist, dass nicht auf einen Schlag eine große Summe ausbezahlt wird, sondern monatliche Zahlungen geleistet werden.

Studienkredite

Wie das BAföG sind auch die meisten der neuen Studienkredite nicht dazu gedacht, darüber ein komplettes Studium zu finanzieren. Sie bieten nur eine weitere finanzielle Stütze neben dem Unterhalt der Eltern oder einem Studentenjob. Kredite landeseigener Förderbanken gibt es ohnehin nur zur Finanzierung von Studiengebühren. Weil Sie bei einem Kredit jedoch immer mit Schulden in den Beruf starten, sollten Sie zuerst alle Alternativen prüfen. Denn mit BAföG oder Stipendien lässt sich ein Studium deutlich günstiger finanzieren.

Am ehesten wird ein Kredit für Studenten infrage kommen, die gerade in der Prüfungsphase stecken und daher nicht viel jobben können. So kann das Studium schneller und unabhängig von den Eltern beendet werden.
Nach dem Studium stehen Sie aber mit einem Berg Schulden da. Zudem kann bei Insolvenz oder anderen schwerwiegenden Gründen ein Kredit verweigert werden. Letzten Endes entscheiden immer noch die Banken, wem sie Geld geben. Nur in manchen Fällen können die Hochschulen ein Wörtchen mitreden.

> **Studienkredite**
>
> Zur Finanzierung der Lebenshaltungskosten oder Studiengebühren bieten einige Institute sogenannte Studienkredite oder -darlehen an. In Deutschland war es bisher eher die Ausnahme, ein Studium darüber zu finanzieren, da es das BAföG gibt. Doch durch die Einführung allgemeiner Studiengebühren in einigen Bundesländern sprossen immer neue Kreditmodelle aus dem Boden.

Worauf man achten muss

Angebotscheck. Prüfen Sie die Möglichkeiten von BAföG und Stipendien, bevor Sie ein Darlehen aufnehmen. Diese Alternativen sind immer kostengünstiger. Falls es doch ein Kredit sein soll: Lassen Sie sich von mehreren Instituten beraten und vergleichen Sie die Angebote. Verlangen Sie eine genaue Kostenaufstellung und nehmen Sie alle Unterlagen mit nach Hause. Bei einem Studium an einer privaten Uni sollten Sie dort fragen, ob es Sondervereinbarungen mit einzelnen Instituten gibt. Diese werden meist nicht veröffentlicht.

Fallen. Bedenken Sie, dass es bei den meisten Angeboten von Privatbanken, Sparkassen und Genossenschaftsbanken keine Verschuldungsgrenzen gibt. So laufen Sie Gefahr, bei Krankheit oder langer Arbeitslosigkeit nach dem Studium in der Schuldenfalle zu landen. Müssen nur Studiengebühren finanziert werden, sind die Angebote der Landesförderbanken in der Regel günstiger (→ „Gebührenmodelle der Bundesländer", Seite 27 ff.). Das gilt insbesondere für BAföG-Empfänger, die voll gefördert werden. Denn in einigen Bundesländern werden Schulden erlassen, wenn BAföG- und Kreditrückzahlungen bestimmte Grenzen überschreiten.

Bedarf. Bevor Sie zur Bank gehen: Stellen Sie Ihre langfristigen Einnahmen und Ausgaben zusammen. So ermitteln Sie Ihren Bedarf und können den Kredit auf das beschränken, was Sie unbedingt benötigen. Sie haben also etwas in der Hand, wenn der Bankberater bei der Kredithöhe „etwas Luft nach oben" vorschlägt.

Konditionen. Fragen Sie vorab, welche Sicherheiten und Leistungsnachweise Sie liefern müssen. Besteht das Institut auf einer teuren Restschuldversicherung, sollten Sie stattdessen bestehende Sicherheiten oder Bürgschaften anbieten. In diesem Punkt können Ihre Eltern helfen: beispielsweise wenn sie eine Bürgschaft für den Kredit übernehmen oder eine Lebensversicherung für Sie abgeschlossen haben. Werden Sie selbst aktiv, können Sie darüber gerade bei kleinen Geldinstituten niedrigere Zinssätze aushandeln.

Verhandlungssache. Gehen Sie nicht unvorbereitet in ein Gespräch. Vergleichen Sie verschiedene Angebote im Internet und beachten Sie, dass die veröffentlichten Konditionen vor Ort oft noch verhandelbar sind. Selbst dann, wenn der Berater immer zuerst die Standardangebote aus der Schublade zieht. Information ist alles.

Flexibilität. Wer während des Studiums auch ins Ausland will, sollte sich vor der Vertragsunterschrift vergewissern, dass die Kreditzusage auch in diesem Fall weiterläuft oder erhöht werden kann. Gleiches sollte für einen Wechsel der Fachrichtung oder an eine Uni in einem anderen Bundesland gelten.

Teure Extras. Vermeiden Sie es, zusätzliche Versicherungen abzuschließen, die den Kredit noch teurer machen. Das gilt insbesondere für Pakete, die neben einer Restschuldversicherung eine Arbeitslosen- und Berufsunfähigkeitsversicherung enthalten. Selbst wenn Sie darauf nicht verzichten wollen, sind separate Verträge in der Regel günstiger.

Zinssatz. Mit einer variablen Verzinsung Ihres Kredits lässt sich nicht gut planen. Denn die Zinsbelastung kann im Laufe der Zeit höher oder niedriger ausfallen, als Ihnen der Berater vorrechnet. Um auf der sicheren Seite zu sein, sollten Sie daher Verträge mit festem Zinssatz vorziehen, wenn sie Ihnen angeboten werden. Alternative: Bei der KfW-Förderbank können Sie für einen Zeitraum von 15 Jahren zumindest einen variablen Zins mit einer Höchstmarke vereinbaren (··→ „Internetadressen", Seite 189 ff.).

Auszahlbetrag. Wenn die Zinsen gleich von der Auszahlrate abgezogen werden, bekommen Sie bis zum Ende der Förderung monatlich immer geringere Beträge ausgezahlt und haben damit auch weniger zum Leben. Ausgerechnet in der

Examensphase – wenn keine Zeit zum Jobben bleibt – gibt es am wenigsten Geld. Deshalb ist es sinnvoller, wenn die Zinsen gestundet werden.

KfW-Studienkredit

Details. Die KfW-Förderbank bietet allen Studierenden bis zum 30. Lebensjahr einen Studienkredit, die ihre Ausbildung nicht über die Eltern finanzieren wollen oder können und denen das BAföG nicht zum Leben reicht. Das Darlehen wird unabhängig von Noten und Einkommen der Antragsteller vergeben. In den Genuss kommen deutsche Studenten, die Vollzeit an einer staatlichen oder staatlich anerkannten Hochschule studieren, und EU-Angehörige, die seit mindestens drei Jahren in Deutschland leben. Eine weitere Voraussetzung ist, dass sie zum Zeitpunkt der Antragstellung noch nicht über einen berufsqualifizierenden Hochschulabschluss verfügen. Teilzeitstudiengänge werden nicht gefördert, ebenso wenig Aufbau-, Zweit- und Promotionsstudiengänge. Ausnahme: ein Masterstudium, das an den Bachelor anschließt.

Kredit. Der KfW-Studienkredit dient ausschließlich zur Finanzierung der Lebenshaltungskosten. Die Laufzeit besteht aus drei Phasen: der Auszahlungs-, Karenz- und Rückzahlungsphase. Er läuft maximal 33 Jahre und sechs Monate. Studierende können zwischen 100 und 650 Euro monatlich von der KfW bekommen, und das bis zu zehn Semester. Auf Antrag gibt es bis zu vier Semester länger Geld, beispielsweise in der Examensphase. Nach 14 Fachsemestern ist in der Regel endgültig Schluss. Insgesamt können Sie also maximal 54 600 Euro bekommen. Bis zu zwei Urlaubssemester werden nicht angerechnet, und auch bei Krankheit und Elternschaft zeigt sich die KfW großzügig.

Nominal- und Effektivzins

Zinsen sind das Entgelt, das ein Schuldner seinem Gläubiger dafür zahlt, dass er leihweise dessen Geld nutzen darf. Dabei bezeichnet der Nominalzins den für einen Kredit vereinbarten Zinssatz. Der effektive Zinssatz, der mit angegeben werden muss, beziffert die jährlichen Kosten eines Kredits und bezieht sich auf die effektive Auszahlung. Der Effektivzinssatz wird im Wesentlichen vom Nominalzinssatz, dem Auszahlungskurs, der Tilgung und der Zinsfestschreibungsdauer bestimmt.

Studierende, die schon Eltern sind, können bis zu acht Semester länger gefördert werden. Dagegen gehen über 35-Jährige generell leer aus.

Jedes Semester kann ein Student neu entscheiden, ob und wie viel Geld er monatlich braucht, zumindest innerhalb der Fördergrenzen. Schon mit der ersten Förderrate fallen Zinsen an, die gleich vom Auszahlbetrag abgezogen werden. Wer die ersten Leistungsnachweise vorlegt, dem gewährt die Bank einen Zinsaufschub. Dann werden die Zinsen erst nach Studienende fällig. Derzeit liegt der effektive Zinssatz bei 4,05 Prozent (Stand: April 2011). Die Verzinsung ist variabel und wird jedes halbe Jahr zum April und Oktober neu festgelegt. Derzeit liegt die Zinsobergrenze bei 8,45 Prozent. Diesen Maximalzinssatz garantiert die KfW jedem Kreditnehmer für 15 Jahre ab Vertragsabschluss, um mehr Planungssicherheit zu geben.

Rückzahlung. Nach Ende des Studiums folgt die sogenannte Karenzphase. Das heißt, dass Sie ein halbes bis maximal zwei Jahre Ruhe haben. Danach muss das Darlehen in Raten an die KfW zurückgezahlt werden. In welcher Höhe, entscheiden Sie, abhängig von Ihrer Lebenssituation, selbst. Für die Tilgung haben Sie längstens 25 Jahre Zeit und immer die Möglichkeit, einen Teil oder den gesamten Restbetrag auf einen Schlag zu tilgen. Die KfW schlägt in der Regel einen auf zehn Jahre angelegten Tilgungsplan vor.

Antrag. Das Formular finden Sie auf der Website der KfW im Online-Kreditportal. Es kann online ausgefüllt werden, muss aber dann in ausgedruckter Form einem Vertriebspartner der KfW – also einer Bank, Sparkasse oder dem Studentenwerk – vorgelegt werden. Wichtig: Bei Vertragsabschluss fällt eine einmalige Aufwandsentschädigung in Höhe von 238 Euro an, die auf den Kreditbetrag aufgeschlagen wird. Weitere Informationen bekommen Sie auf der Internetseite **www.kfw.de/Studienkredit**.

Zusammengefasst: Aktuell nutzen rund 50 000 Studierende den KfW-Studienkredit, und weit über 90 000-mal wurde er in Anspruch genommen, seit das Programm der KfW 2006 startete. Im Vergleich zu den Angeboten anderer Banken bietet er Studierenden – gerade aufgrund der langen Rückzahlfrist – gute Konditionen. Eine Vollfinanzierung wird allerdings richtig teuer. Wer den Höchstsatz von 650 Euro monatlich für zehn Semester in Anspruch nimmt, steigt – ohne Zinsen – mit mindestens 39 000 Euro Schulden in den Beruf ein.

Deutsche Bank StudentenKredit

Details. Den db StudentenKredit kann jeder Student einer deutschen Hochschule oder Fachhochschule sowie einer Berufsakademie unabhängig vom Studienfach und Einkommen der Eltern bekommen. Ausländische Studierende können nur dann einen Vertrag abschließen, wenn sie seit mindestens zwei Jahren vor Beginn des Studiums einen deutschen Wohnsitz sowie eine unbefristete Aufenthaltsgenehmigung bzw. Niederlassungserlaubnis haben. Wer einen negativen Schufa-Eintrag hat, kann sich den Kredit in der Regel gleich abschminken: Die Bank holt über jeden eine Auskunft ein. Voraussetzung für den Kredit ist ein Studienplan, der schriftlich festgelegt wird. In dem muss stehen, wann welche Studienleistungen erbracht werden. Die Studierenden sollen also zeigen, dass das Studium komplett durchgeplant ist. Wenn Sie ihn nicht einhalten und ohne guten Grund keine Leistungsnachweise vorlegen, werden Sie zum Gespräch gebeten und müssen die Verspätung begründen. Haben Sie keine überzeugende Erklärung, kann Ihnen die Bank den Geldhahn zudrehen. Für das Geldinstitut bedeuten diese Vorgaben ein bisschen mehr Sicherheit, für die Studierenden mehr Druck.

Kredit. In den ersten beiden Fachsemestern können Studenten maximal 200 Euro pro Monat für Lebenshaltungs-

Schufa-Auskunft

Die Schufa Holding AG ist eine Auskunftsdatei der Privatwirtschaft. Ihr Zweck ist es, ihre Vertragspartner vor Kreditausfällen und – wie sie selbst sagt – die Verbraucher vor Überschuldung zu schützen. Bevor ein Kredit vergeben wird, holen die Banken in vielen Fällen bei der Schufa Erkundigungen über den potenziellen Kunden ein. Hat er negative Schufa-Einträge, kommt es in der Regel nicht zu einem Geschäftsabschluss.

kosten und Studiengebühren bekommen, höhere Semester dagegen bis zu 800 Euro monatlich. Für welchen Zeitraum, hängt von der Höhe der Auszahlung ab: mindestens eineinhalb Jahre, maximal fünf. Der Zinssatz ist in der Kreditphase variabel. Er kann also steigen oder fallen und liegt derzeit bei 5,9 Prozent effektiv (Stand: Juni 2011). Um Studierende nicht in den Ruin zu treiben, hat die Bank daher festgelegt, dass Darlehen plus Zinsen bis Studienende 30 000 Euro nicht übersteigen dürfen.

Rückzahlung. Mit dem Studium enden auch die monatlichen Zahlungen. Ehe es mit der Rückzahlung losgeht, bleibt einem noch ein bisschen Luft. Die Konditionen, also die Rückzahlraten und Zinsen, werden in einem neuen Vertrag geregelt. Im ersten Jahr nach Studienende, also in der Berufsfindungsphase, muss für maximal zwölf Monate nicht getilgt werden. Wer schon früher einen Job findet, kann drei Monate nach dem Berufsstart die erste Rate zahlen. Insgesamt hat jeder Kreditnehmer bis zu zwölf Jahre Zeit, das Darlehen plus Zinsen an die Deutsche Bank zurückzuzahlen. Auf einen Schlag geht das natürlich auch.

Antrag. Sie können den db StudentenKredit im Internet oder in bundesweit rund 160 Filialen der Deutschen Bank beantragen. Weitere Infos und die Anmeldeformulare zum Herunterladen finden Sie im Internet auf der Seite **www.deutsche-bank.de** unter dem Suchwort: StudentenKredit.

Zusammengefasst: Auch über den StudentenKredit der Deutschen Bank lässt sich kein komplettes Studium mit Gebühren und Lebensunterhalt finanzieren. Vor allem, da Erst- und Zweitsemester höchstens 200 Euro monatlich bekommen. Da die Gesamtschulden bei 30 000 Euro gedeckelt sind, dürfte es beispielsweise für ein Bachelor- und Master-Studium nur deutlich unter 500 Euro pro Monat geben. Wer den maximalen Kreditrahmen ausschöpft und über zwölf Jahre hinweg zurückzahlt, muss einschließlich Zinsen mit über

45 000 Euro rechnen. Zusätzliches Risiko: Die tatsächliche Kredithöhe ist nicht kalkulierbar. Da nach Studienende ein neuer Kreditvertrag abgeschlossen wird, kann das Studiendarlehen bei dann eventuell hohen Zinsen sehr teuer werden.

Der Kredit eignet sich eher für diejenigen, die ein Auslandsstudium planen. Dann kann die monatliche Auszahlungsrate höher ausfallen.

Sparkassenkredite

Neben der Deutschen und der Dresdner Bank vergeben auch viele Sparkassen seit dem Wintersemester 2005/2006 Kredite an Studenten. Da sie autonom sind und jede für sich entscheiden kann, hat der Deutsche Sparkassen- und Giroverband lediglich Vorschläge bezüglich der Rahmenbedingungen gemacht. Was die einzelnen Institute letztlich davon übernehmen und zu welchen Konditionen sie ihre Studienkredite vergeben, bleibt ihnen überlassen.

Das Verbandsmodell sieht Folgendes vor: Die Sparkassen sollen bei der Schufa vorab eine Auskunft über den Antragsteller einholen. Wer für seine schlechte Zahlungsmoral bekannt ist, wird also wohl keinen Kredit bekommen. Auch über 30-Jährige gehen bei Studienkrediten generell leer aus. Zudem soll jeder Student zusätzlich zum Darlehensvertrag eine Restkreditversicherung (··› Kasten unten) abschließen. Weiterhin hat der Sparkassenverband vorgeschlagen, die Schulden bei Studienkrediten generell bei 25 000 Euro zu deckeln. Für ein neunsemestriges Studium würde das eine maximale monatliche Förderung von rund 460 Euro bedeuten – ohne Zinsen. Bisher bieten die einzelnen Sparkassen unterschiedliche Konditionen. Im Folgenden sind einige Beispiele aufgeführt.

> **Restkreditversicherung**
>
> Eine Restkredit- oder Restschuldversicherung ist eine zusätzliche Absicherung des Kreditnehmers sowie eine Sicherheit des Kreditgebers. Sie können darüber Ihren Kredit gegen Tod, Unfall, Krankheit oder Arbeitslosigkeit absichern. Im Todesfall würde die Versicherungsgesellschaft die noch ausstehende Restschuld übernehmen oder die Raten im Krankheitsfall.

Hamburger Sparkasse (Haspa). Im Rahmen ihres Studentenkredits zahlt die Haspa Studierenden sechs Jahre lang zwischen 250 und 450 Euro im Monat. Bei Vertragsabschluss werden einmalig 250 Euro Bearbeitungsgebühr fällig. Wer gleichzeitig ein Studentenkonto eröffnet, kommt um die Gebühr herum. Variable Zinsen in Höhe von derzeit 4,11 Prozent effektiv (Stand: Juni 2011) fallen ab dem ersten Euro an. Die norddeutsche Sparkasse hat die Empfehlung ihres Verbands bezüglich der Schuldenobergrenze nicht übernommen. Die sind erst bei 32 400 Euro gedeckelt, und die Grenze kann sogar überschritten werden, wenn jemand zusätzlich Studiengebühren zahlen muss. Die hat das Bundesland Hamburg zum Wintersemester 2008/2009 eingeführt. Einmal pro Jahr kann der Bedarf und damit die Rate angepasst werden. Nach

Studienende hat ein Student maximal zwei Jahre Zeit, bevor die erste Rate fällig wird. Innerhalb von zehn Jahren muss der gesamte Betrag getilgt werden. Weitere Infos finden Sie auf www.haspa.de unter dem Suchwort: Studentenkredit.

Nord-Ostsee Sparkasse (Nospa). Der CampusCredit der Nospa wird derzeit zu einem effektiven Zinssatz von 4,013 Prozent (Stand: Juni 2011) angeboten. Gefördert wird sogar ein Jahr länger als die durchschnittliche Studienzeit von fünf Jahren an einer Fachhochschule und sechs Jahren an Unis. Sicherheiten werden keine verlangt. Pro Monat bekommt ein Studierender maximal 300 Euro auf sein Girokonto. Allerdings werden die Zinsen sofort vom Auszahlungsbetrag abgezogen. Auf Antrag gibt es zusätzlich einmalig 2 000 bis 5 000 Euro für ein Auslandssemester oder Praktikum. Bereits ein Jahr nach Studienende beginnt die Tilgungsphase. Wer schon länger Kunde bei der Nospa ist, bekommt den Kredit unabhängig von Wohnsitz, Studienort oder Fachrichtung. Neukunden müssen im Geschäftsgebiet leben. Mehr Infos zum CampusCredit unter www.nospa.de.

Sparkasse zu Lübeck. Mehr Geld als die beiden zuvor genannten Institute vergibt die Sparkasse zu Lübeck. Bis zu 800 Euro pro Monat Bildungskredit bekommen Studierende, die ihren Wohn- oder Studienort im Raum Lübeck haben und nicht älter als 30 sind. Das gilt übrigens auch für ausländische Studenten, die dauerhaft in Deutschland leben und eine unbefristete Aufenthaltsgenehmigung haben. Fachhochschulstudenten können für ihr Studium bis zu fünf, Unistudenten bis zu sechs Jahre lang Geld zum derzeit effektiven Zinssatz zwischen 5,44 und 5,84 Prozent (Stand: Juni 2011) aufnehmen. Dieser Satz ist variabel: Sie müssen also damit rechnen, dass er im Lauf des Studiums steigt. Die Zinsen werden bis zur Rückzahlung – zwei Jahre nach Ende des Studiums – gestundet. Dann bleiben maximal zehn Jahre Zeit, das Darlehen vollständig zu tilgen. Weitere Infos unter www.spk-luebeck.de, Suchwort: Bildungskredit.

Zusammengefasst: Nicht alle Sparkassen bieten Studienkredite an. Am besten erkundigen Sie sich in Ihrer lokalen Filiale, ob Sie dort mit einem Studienkredit rechnen können. In der Regel sichern sich die Sparkassen über eine Restkreditversicherung gegen Ausfälle ab. Allerdings verteuern diese die Kredite unnötig. Bieten Sie der Bank stattdessen andere Sicherheiten an. Grundsätzlich kommen die Darlehen für all jene infrage, die schon längere Zeit vor Beginn des Studiums um ihre Finanzierungslücke wissen. Denn die Sparkassen kombinieren Bildungskredite und **Bildungssparen**.

> **Bildungssparen**
>
> Beim Bildungssparen können sich Eltern oder angehende Studierende zwischen verschiedenen Finanzprodukten entscheiden: beispielsweise einem Ratensparvertrag, einer Ausbildungsversicherung oder einem Fondssparplan. Je nach Dauer und Zusammensetzung kann darüber der finanzielle Bedarf während des Studiums vollständig gedeckt werden.

VR-BildungsFinanzierung
Auch im Verbund der Volks- und Raiffeisenbanken entscheidet jede Genossenschaftsbank selbst, ob sie einen eigenen Studienkredit entwickelt, ihren Kunden den KfW-Studienkredit oder gar keinen anbietet. Die meisten Volks- und Spardabanken haben sich bisher für das KfW-Modell entschieden, es gibt jedoch auch einige wenige Ausnahmen.

Beispiel: Bayern. Das bayerische VR-BildungsFinanzierung-Programm, über das rund 3 000 Studenten gefördert werden sollen, begann im Herbst 2005.

Kredit. Zehn Semester lang können Studenten maximal 250 Euro monatlich bekommen. Der nominale Zinssatz für dieses Darlehen ist variabel und liegt momentan bei rund 4 Prozent. Grundsätzlich kann jeder Studierende seit Herbst 2005 einen solchen Studienkredit bei den teilnehmenden bayerischen Volks- und Raiffeisenbanken beantragen. Einzige Bedingung: Der Antragsteller muss dem Institut bekannt sein. Sie müssen also Genossenschaftsmitglied einer Volksbank oder Raiffeisenbank sein oder werden. Das kostet einmalig 25 Euro Gebühr.

Rückzahlung. Nach Ende der Auszahlung und einem Jahr Schonfrist will die Bank ihr Geld zurückhaben. Bei der maximalen Kreditsumme von 15 000 Euro zu einem nominalen Zinssatz von beispielsweise 5,50 Prozent müsste ein Student insgesamt maximal 17 700 Euro zurückzahlen. Bei einer Tilgungsrate von 300 Euro monatlich würde es also rund sechs Jahre dauern, bis er schuldenfrei wäre. Kann er pro Monat nur 200 Euro abknapsen, würde es schon rund zehn Jahre dauern und er damit über der maximalen Rückzahldauer liegen. Wie hoch die Raten sind, soll laut Verband für jeden Studenten individuell festgelegt werden.

Antrag. Konkrete Infos zum Kredit gibt es auf den individuellen Seiten der einzelnen Genossenschaftsbanken der bayerischen Volks- und Raiffeisenbanken.

Zusammengefasst: Um das gesamte Studium zu finanzieren, reicht der Kreditrahmen von 250 Euro monatlich nicht aus. Das Angebot der Volks- und Raiffeisenbanken kann also immer nur eine Ergänzung sein. Die Zinsen sind recht günstig, sodass sich die Sache bei entsprechendem Bedarf auf jeden Fall lohnt. Abzüge gibt es für die kurze Rückzahlfrist.

Kredite der Landesförderbanken

Das Gros der Finanzierung allgemeiner Studiengebühren tragen die Landesbanken der Bundesländer. Das bedeutet, dass es für jedes Bundesland eigene Kreditangebote gibt, die in der Regel günstiger sein sollen als die Angebote privater Institute. Allerdings können Sie über ein solches Darlehen nur die Studiengebühren und nicht Ihre Lebenshaltungskosten finanzieren. Stellvertretend für die Vielzahl der Angebote sei das der Landesbank Baden-Württemberg näher unter die Lupe genommen (mehr Infos zu den Darlehensmodellen der einzelnen Bundesländer finden Sie unter „Gebührenmodelle der Bundesländer", Seite 27 ff.).

Beispiel: Landesbank Baden-Württemberg. Seit dem Sommersemester 2007 vergibt die L-Bank Darlehen zur Finanzierung allgemeiner Studiengebühren. Den Kredit können alle beantragen, die das Geld dafür nicht selbst aufbringen können und die im Rahmen eines gebührenpflichtigen Erst- oder Aufbaustudiums an einer staatlichen Hochschule oder Berufsakademie in Baden-Württemberg immatrikuliert sind. Das gilt auch für EU-Bürger, heimatlose Ausländer und sogenannte Bildungsinländer – also ausländische Studenten, die ihr Abitur in Deutschland gemacht haben. Bewerber dürfen bei Beginn des Erststudiums nicht älter als 40 sein. Ob jemand darlehensberechtigt ist, prüft die Hochschule, nicht das Kreditinstitut.

Kredit. Wer die Voraussetzungen erfüllt, kann unabhängig von seinem Einkommen 500 Euro pro Semester bekommen, und das für die Regelstudienzeit plus vier Semester. Das Geld für die Studiengebühren wird von der Landesbank direkt an die jeweilige Hochschule überwiesen. Derzeit liegt der variable effektive Zinssatz bei 4,57 Prozent (Stand: Juni 2011). Er wird jedes halbe Jahr zum 1. Mai und 1. November angepasst. Die Zinsobergrenze liegt bei 5,5 Prozent (nominal). Bis zur Rückzahlung werden die Zinsen gestundet.

Rückzahlung. Frühestens zwei Jahre nach Studienende muss das Darlehen zurückgezahlt werden. Aber erst, wenn das Einkommen Alleinstehender 1070 Euro monatlich übersteigt. Die monatliche Rate beträgt 100 Euro, und Sie haben außerdem die Möglichkeit, vorzeitig zu tilgen. Fallen Sie unter diese Einkommensgrenze, werden Ihre Rückstände gestundet. Übersteigen Ihre Schulden aus BAföG und Darlehen die Obergrenze von 15 000 Euro, kann alles, was darüber hinausgeht, erlassen werden.

> **Beispiel: drei Jahre Bachelor-Studium, 150-Euro-Rückzahlrate**
>
> Während der sechs Semester laufen 3 000 Euro an Gebühren auf. Inklusive Zinsen beträgt die Darlehenssumme nach der zweijährigen Karenzzeit 3 800 Euro. Insgesamt muss ein Studierender bei Raten von 150 Euro zwei Jahre und vier Monate tilgen. Der Gesamtbetrag liegt bei 4 100 Euro.
>
> Diese Berechnung geht von einem Effektivzins von 6,79 Prozent aus. Ändert sich der variable Zins, wirkt sich das sowohl auf den Gesamtbetrag als auch auf die Dauer der Rückzahlung aus. Gleiches gilt, wenn frühzeitig getilgt wird: Dann reduziert sich der Rückzahlbetrag, da weniger Zinsen anfallen.
>
> Quelle: L-Bank, Karlsruhe, www.l-bank.de

Antrag. Weitere Informationen zum Darlehen der Landesbank finden Sie auf deren Homepage unter www.l-bank.de, Stichwort: Studienfinanzierung. Dort können Sie sich auch ein Faltblatt herunterladen, das die wichtigsten Informationen enthält.

Zusammengefasst: Wenn Sie nur die Kosten der Studiengebühren abfangen wollen, sind Sie in den meisten Fällen mit den Angeboten der Länderbanken gut bedient. Das gilt insbesondere für BAföG-Empfänger, da ein Teil der Schulden wegfällt, wenn die Rückzahlungsverpflichtungen eine bestimmte Grenze überschreiten.

> **» Studienkredit-Test**
>
> Das Centrum für Hochschulentwicklung (CHE) hat Anfang 2010 die Studienkredit-Angebote erneut getestet. Und zwar explizit aus Kundensicht, also Sicht der Studierenden. Herausgekommen ist eine übersichtliche Zusammenstellung der Vor- und Nachteile von Studienkrediten, die bis dato auf dem Markt sind. Die gesamte Studie mit dem Titel „CHE-Studienkredit-Test 2010" finden Sie auf der Seite www.che-concept.de.

Brauchen Sie darüber hinaus mehr Geld, um das Studium zu finanzieren, sollten Sie auch die Angebote der Banken, Sparkassen und Volksbanken vor Ort und am Heimatort prüfen und vergleichen. Sind die Eltern gute Kunden eines Kreditinstituts, lassen sich bisweilen bessere Konditionen als beim jeweiligen Standardangebot herausholen. Das Angebot der KfW-Förderbank mit niedrigen Zinsen und langen Rückzahlfristen sollten Sie auf jeden Fall alternativ prüfen (→ Seite 100 ff.). Solche Darlehen funktionieren nicht unbedingt für Studenten, die gerne reisen und im Ausland studieren möchten, da viele Banken in diesen Fällen die Auszahlungen stoppen. Der Finanzdienstleister CareerConcept hingegen erhöhen die Beträge dann sogar. Vergleichen lohnt also.

Bildungskredit der KfW

Den sogenannten Bildungskredit gab es schon vor Beginn der Diskussion um die Einführung von Studiengebühren. Allerdings lässt sich darüber kein komplettes Studium finanzieren, da er in der Regel erst ab bestandener Zwischenprüfung – also in fortgeschrittenen Ausbildungsphasen – und nur für längstens 24 Monate vergeben wird. Auch Bachelor-Studiengänge, in denen keine Vorprüfung vorgesehen ist, gehören dazu, wenn die Ausbildungsstätte bestätigt, dass man die üblichen Leistungen des ersten Ausbildungsjahres erbracht hat. Postgraduale Studiengänge werden von Anfang an gefördert. Seit 2001 wird der Bildungskredit von der staatlichen KfW-Förderbank angeboten. Damit will der Staat Studierenden unter die Arme greifen, die entweder kein BAföG bekommen oder im Rahmen ihres Studiums besondere Ausgaben haben, die davon nicht gedeckt werden. Dazu gehören beispielsweise teure Studienmaterialien, Auslandsaufenthalte, Praktika im In- und Ausland oder Exkursionen. Da der Kredit ein fortgeschrittenes Studium sichern und beschleunigen soll, spielt das Einkommen des Auszubildenden, seiner Eltern oder des Ehepartners bei der Vergabe keine Rolle. Einen Rechtsanspruch auf den Bildungskredit haben Studierende nicht.

Details. Grundsätzlich kann jeder deutsche Student bis zum Alter von 36 Jahren einen Bildungskredit beantragen. Doch es gibt Einschränkungen: Für das Grundstudium wird generell kein Bildungskredit eingeräumt, sondern erst ab bestandener Zwischenprüfung oder für Studierende, die ein Master-, Zusatz-, Ergänzungs- oder Aufbaustudium obendrauf setzen. Außerdem fließt das Geld nur bis Ende des zwölften Fachsemesters. Danach ist Schluss, es sei denn, die Hochschule bestätigt, dass der Studierende sein Studium innerhalb der Förderungszeit abschließen kann. Humanmediziner bekommen den Kredit auch während ihres praktischen Jahres. Auch wer sein gesamtes Studium im

> **Bildungskredit**
>
> Den ersten namentlich so bezeichneten Bildungskredit führte die Bundesregierung bereits 2001 ein. Er wird von der staatlichen KfW-Förderbank vergeben und zwar zusätzlich zu BAföG-Leistungen. Darüber ist kein komplettes Studium finanzierbar. Stattdessen soll er außergewöhnliche Aufwände abdecken, wie beispielsweise Auslandssemester, die nicht über das BAföG finanziert werden. Daher spielt das Einkommen der Eltern bei der Vergabe des Kredits keine Rolle. Für die maximal 7 200 Euro Darlehen werden derzeit 2,55 Prozent effektiv fällig (Stand: Juni 2011).

Ausland verbringen will, kann gefördert werden. Allerdings nur, wenn die dortige Ausbildungsstätte vergleichbar mit einer deutschen Hochschule ist. Gleiches gilt für ein Praktikum im Ausland. Auch ausländische Studierende erhalten die staatliche Finanzspritze, wenn ein Elternteil oder der Ehepartner Deutscher ist oder wenn sie aus einem EU-Mitgliedsland kommen und einen deutschen Wohnsitz haben. Weitere Ausnahmen werden analog zum BAföG gemacht.

Kredit. Wem ein Bildungskredit eingeräumt wird, der bekommt von der KfW bis zu 300 Euro monatlich für längstens zwei Jahre: also maximal 7 200 Euro. Inzwischen können Studierende frei zwischen Monatsraten in Höhe von 100, 200 und 300 Euro wählen. Braucht jemand nur kurzzeitig eine kleine Finanzspritze, geht es auch kürzer. Der Restkredit kann dann zu einem späteren Zeitpunkt beantragt werden. Das Minimum sind drei Monate. Können Sie glaubhaft machen, dass Sie auf einen Schlag mehr als 300 Euro benötigen – beispielsweise für kostspielige Anschaffungen wie einen neuen Computer –, kann bis zur Höhe von 3 600 Euro ein Teil des Kredits stattdessen oder zusätzlich gezahlt werden. Und zwar dann, wenn der Höchstbetrag von 7 200 Euro insgesamt nicht überschritten wird. Verglichen mit herkömmlichen Krediten bietet die KfW günstige Konditionen. Der effektive Zinssatz des Bildungskredits liegt derzeit bei 2,55 Prozent (Stand: Juni 2011). Jeweils zum April und Oktober eines Jahres wird er an das aktuelle Zinsniveau angepasst.

Rückzahlung. Im Gegensatz zum BAföG muss der gesamte Bildungskredit nach Ende des Studiums zurückgezahlt werden. Zinsen werden bereits ab der ersten Auszahlung fällig, jedoch bis zum Beginn der Rückzahlung gestundet. Mit der muss spätestens vier Jahre nach der ersten Rate begonnen werden: mit 120 Euro pro Monat. Wer zu diesem Zeitpunkt bereits etwas mehr Geld auf der hohen Kante hat, kann auch den gesamten Darlehensbetrag jederzeit ganz oder teilweise vorzeitig zurückzahlen. Dafür fallen keine zusätzlichen Kosten an. Für den Fall, dass jemand seinen Kredit nicht abstottern kann, übernimmt der Bund die Schulden. Das Bundesverwaltungsamt versucht aber später, das Geld vom Schuldner einzutreiben.

Antrag. Wollen Sie mit einem Bildungskredit gefördert werden, müssen Sie einen Antrag an das Bundesverwaltungsamt stellen. Falls er bewilligt wird, dürfen Sie einen Kreditvertrag mit der KfW-Förderbank abschließen. Kleiner Tipp: Planen Sie genug Zeit ein. Bis der Antrag durch ist, kann es gut drei Monate dauern. Weitere Informationen zum Bildungskredit bekommen Sie bei der KfW-Förderbank unter **www.kfw.de** und beim Bundesverwaltungsamt unter **www.bildungskredit.de** (⇢ „Internetadressen", Seite 189 ff.).

Zusammengefasst: Ein Bildungskredit dient grundsätzlich nicht dazu, ein ganzes Studium zu finanzieren, sondern soll Studierende in der Endphase des Studiums finanziell absichern, damit sie in Ruhe ihren Abschluss machen können. Und dafür ist er auch empfehlenswert, gerade bei den derzeit niedrigen Zinssätzen.

Bildungsfonds

Zielstrebige Studenten können sich ihr Studium von Bildungsfonds finanzieren lassen. Die funktionieren immer gleich: Ausgewählte Studierende bekommen fixe Beträge für Lebenshaltungskosten und in manchen Fällen auch Studiengebühren aus einem Fonds. Auf Wunsch wird das komplette Studium gefördert. Das Kapital dafür stammt von Unternehmen, Stiftungen oder Privatinvestoren, manchmal auch von Hoch-

> **Was ist ein Fonds?**
>
> Es gibt verschiedene Arten von Fonds. In manchen Fällen verbirgt sich eine Stiftung dahinter, in anderen eine Geldsammelstelle für Kapitalanleger. Bei einem Investmentfonds wird beispielsweise das eingesammelte Kapital in unterschiedliche Bereiche wie Aktien oder Immobilien investiert. Der Vorteil von Fonds ist, dass sich Anleger schon mit relativ kleinen Beträgen ein Depot mit unterschiedlichen Geldanlagen aufbauen können und so ihr Risiko verringern. Nach einer gewissen Zeit wollen sie eine Rendite sehen, also einen Gewinn.

schulen selbst. Im Gegenzug verpflichten sich die Geförderten, nach Studienende und erfolgreichem Berufseinstieg Beiträge in den Fonds zurückzuzahlen. Es gibt zwei Arten von Bildungsfonds: mit verdienstabhängiger und -unabhängiger Beitragsrückzahlung.

Vorreiter in Sachen Bildungsfonds waren einige private Hochschulen in Deutschland. Sie haben hochschuleigene Fonds eingerichtet, um auch Studenten ohne finanzkräftiges Elternhaus aufnehmen zu können. Das Geld kommt vorwiegend von Ehemaligen und finanziert den Geförderten einen Teil der hohen Studiengebühren. Es reicht jedoch im Fall privater Hochschulen meistens nicht, um auch die Lebenshaltungskosten zu decken. Somit kann mit dieser Art Darlehen kein komplettes Studium ohne zusätzliche elterliche Finanzspritze, einen Job, ein Stipendium oder BAföG durchgezogen werden.

Verglichen mit herkömmlichen Bankdarlehen bieten die meisten Bildungsfonds verhältnismäßig gute Konditionen. Falls Sie mit einer solchen Fondsförderung liebäugeln, sollte Ihnen jedoch klar sein, dass die Geldgeber nichts zu verschenken haben und irgendwann eine ordentliche Rendite sehen wollen. Das ist auch der Grund für die oft hohen Einstiegshürden und warum vor allem Studenten in Fächern mit guten Berufsaussichten über einen Bildungsfonds gefördert werden. Waren die bisher oftmals auf private Hochschulen beschränkt, werden einige seit neuestem auch bundesweit angeboten. Häufig fungiert der Finanzdienstleister CareerConcept als Abwickler, ist aber selbst nie Kreditgeber.

> **Verdienstabhängige und verdienstunabhängige Rückzahlung**
>
> Bei einem verdienstabhängigen Bildungsfonds ist die Höhe der Rückzahlungen nach dem Berufseinstieg abhängig vom Gehalt. Studierende müssen also nach Ende des Studiums über einen vorab definierten Zeitraum monatlich einen bestimmten Prozentsatz ihres Einkommens an den Fonds zurückzahlen. Im Gegensatz dazu hängt bei einem verdienstunabhängigen Bildungsfonds die Höhe der Rückzahlung nicht vom Gehalt ab. Eine solche Förderung ähnelt also eher einem Darlehen: Nach Ende des Studiums muss über einen vorab definierten Zeitraum ein fixer Betrag in den Fonds eingezahlt werden.

Bildungsfonds der CareerConcept AG

In der Regel werden alle Diplom-, Bachelor-, Master-, Staatsexamens-, Magister- oder Promotionsstudiengänge unabhängig davon gefördert, ob im In- oder Ausland studiert wird. Es spielt auch keine Rolle, ob jemand schon BAföG oder ein Stipendium bezieht, ob er schon einen staatlichen Studienkredit aufgenommen hat oder wie hoch das Einkommen der Eltern ist. Bei der Auswahl spielen neben akademischen und fachlichen auch persönliche Aspekte eine Rolle.

Details. Bewerber, die sich erfolgreich im Auswahlverfahren durchsetzen, werden bei den meisten Fonds mit bis zu 1 000 Euro monatlich für die Regelstudienzeit plus ein Semester gefördert. Auch Einmalzahlungen für außerordentliche Aufwendungen bis 5 000 Euro, wie beispielsweise ein Auslandspraktikum, sind möglich sowie die volle Übernahme von Studiengebühren. Insgesamt können während der gesamten Studiendauer bis zu 30 000 Euro beantragt werden. In Einzelfällen sogar mehr. Gefördert wird in der Regel maximal bis zum Ende der Regelstudienzeit plus ein Semester.

Rückzahlung. Es fallen weder Zinsen auf den gesamten Förderbetrag an, noch muss er auf den Cent genau zurückgezahlt werden. Wie viel wer nach dem Studium in den Fonds zu zahlen hat, wird individuell ermittelt. In der Regel sind es zwischen 4 und 10 Prozent des monatlichen Bruttoverdienstes über einen Zeitraum von drei bis neun Jahren. Auch wer nach dem Studium extrem viel verdient, muss sich keine Sorgen machen, da eine maximale Effektivverzinsung festgelegt wird. Sie kennen also vorab den für Sie „teuersten" Zinssatz. Im Extremfall – etwa bei lang andauernder Arbeitslosigkeit – haben Sie gar nichts zurückzuzahlen. Die Tilgung beginnt in der Regel mit dem ersten Verdienst. Bei einem Studienabbruch wird die bis dahin ausgezahlte Finanzierung in ein Darlehen umgewandelt. Sicherheiten werden bei solchen

••• Förderbeispiele

Studienanfänger. Nicola studiert im 1. Semester an der Technischen Universität München im Fach Technomathematik. Sie möchte sich in den Semesterferien auf berufsrelevante Praktika konzentrieren und keinem Nebenjob nachgehen. Also bewirbt sie sich für eine monatliche Förderung von 300 Euro über drei Jahre. Mit einer zusätzlichen Einmalzahlung von 5 000 Euro möchte sie ein Auslandsjahr in England finanzieren. Ihr Studienfördervertrag sieht vor, dass sie nach dem Berufseinstieg 6,2 Prozent ihres Einkommens über eine Laufzeit von sieben Jahren in den Fonds zurückzahlt. Bei einem Bruttogehalt von 4 000 Euro also 248 Euro pro Monat.

MBA im Ausland. Tobias möchte nach dreijähriger Berufstätigkeit in einem Automobilunternehmen noch einen MBA-Abschluss im Ausland draufsetzen. Allein die dortigen Studiengebühren belaufen sich auf 40 000 Euro. Gut die Hälfte hat er gespart. Ein Stiftungsstipendium über 5 000 Euro finanziert die Reisekosten. Den Rest der Studiengebühren und die notwendigen Lebenshaltungskosten finanziert Tobias über eine Bildungsfonds-Förderung in Höhe von 1 000 Euro pro Monat für ein Jahr sowie eine Einmalzahlung in Höhe von 15 000 Euro: insgesamt also 27 000 Euro. Nach dem MBA strebt er den Einstieg in eine Unternehmensberatung an. Seine Rate wird mit 10,8 Prozent vom zukünftigen Bruttogehalt über sechs Jahre berechnet. Bei einem Bruttogehalt von 5 000 Euro müsste er also monatlich 540 Euro in den Fonds zurückzahlen.

Examenskandidat. Thomas steht kurz vor dem Examen an der Universität Passau im Studiengang Kulturwissenschaften. Bisher hat er sein Studium über Nebenjobs finanziert, möchte sich aber in der Examensphase ausschließlich auf das Studium konzentrieren. Er bewirbt sich daher für eine sechsmonatige Studienförderung in Höhe von 600 Euro im Monat und eine Einmalzahlung von 4 000 Euro. Diese 7 600 Euro möchte Thomas möglichst über einen kurzen Zeitraum zurückzahlen. Der Bildungsfonds berechnet für Abschluss, Studiengang und prognostiziertes Einkommen 7,8 Prozent des Bruttoeinkommens über vier Jahre Laufzeit. Macht bei einem Einstiegsgehalt von 3 000 Euro anschließend 234 Euro pro Monat.

Bildungsfonds keine verlangt. Nur bei ausländischen Studierenden kann im Einzelfall eine Bürgschaft nötig sein.

Weiterbildung. Es gibt auch Bildungsfonds, die Weiterbildungsmaßnahmen fördern, wie beispielsweise der **Festo-Bildungsfonds**. Dessen Angebot richtet sich an technisch und ingenieurwissenschaftlich Studierende, Doktoranden, Post-doc-Forscher und Interessierte, die eine berufsbegleitende, hochschulbasierte Qualifizierung (wie einen Master-Abschluss oder MBA) anstreben. Angrenzende Studiengänge wie Physik, Mathematik und Informatik können ebenfalls gefördert werden, betriebswirtschaftliche nur dann, wenn bereits ein ingenieurwissenschaftlicher oder technischer Abschluss vorliegt. Studierende werden mit maximal 800 Euro monatlich gefördert, alle Übrigen mit bis zu 2 500 Euro. Bei 40 000 Euro und 48 Monaten insgesamt ist Schluss. Als Rückzahldauer sind in der Regel zwischen vier und sieben Jahre vorgesehen. Weitere Beispiele und Infos zu Bildungsfonds, die die CareerConcept AG vermittelt, finden Sie unter www.bildungsfonds.de.

Bildungsfonds der Deutschen Bildung GmbH
Nicht nur die CareerConcept AG bietet Studienfonds an, sondern auch die Deutsche Bildung GmbH. Seit September 2007 fördert sie Studierende aller Fachrichtungen an staatlich anerkannten Hochschulen mit einer Kombination aus Studienfinanzierung und inhaltlicher Unterstützung. Sie war zwischenzeitlich in Zahlungsschwierigkeiten geraten, fördert jedoch dank neuer Investoren seit Wintersemester 2009/2010 weiter. Weitere Infos dazu finden Sie unter www.deutsche-bildung.de.

Zusammengefasst: Für Studierende liegt das Risiko bei einem verdienstabhängigen Bildungsfonds quasi bei Null. Und die Anleger sind durch das mehrstufige Auswahlverfahren geschützt, das die Ausfallquote niedrig halten soll. Das bedeutet jedoch auch, dass durch solche Fonds eher die zukünftige wirtschaftliche Elite gefördert wird. Eine flächendeckende Unterstützung von Studierenden aus allen Fachbereichen ist damit nicht möglich. Wer im Anschluss an die Förderung viel verdient, zahlt allerdings auch viel zurück – mehr als bei anderen Studienkrediten. Im Umkehrschluss ist der Vorteil, dass Sie entsprechend weniger zurückzahlen müssen, wenn Sie weniger verdienen.

Anders sieht es bei einem verdienstunabhängigen Fonds aus. Da müssen Sie nämlich bereits zwölf Monate nach der letzten Auszahlung eine fixe Rate samt Zinsen zurückzahlen. Unabhängig davon, ob Sie Ihr Studium bereits beendet und einen Job haben und wie viel Sie verdienen. Das kann diejenigen schnell in die finanzielle Bredouille bringen, die noch auf Jobsuche sind oder wenig verdienen.

Hochschulspezifische Fonds

Kleinere Bildungsfonds gibt es schon wesentlich länger als allgemeine, oft an privaten Hochschulen. Einige von ihnen werden ebenfalls von CareerConcept verwaltet. Hintergrund dieser hochschuleigenen Bildungsfonds ist, dass die Universitäten auch Studierende mit weniger finanzkräftigem Hintergrund aufnehmen wollen. Deshalb steht der jeweilige Fonds auch nur Studierenden der entsprechenden Hochschule offen. Neben vielen anderen bieten beispielsweise die Handelshochschule Leipzig oder die Technische Universität München eigene Fondsförderungen an.

Beispiel: TU München. Die erste staatliche Hochschule in Deutschland, die einen Bildungsfonds für ihre Studenten eingerichtet hat, war 2004 die Technische Universität München. Das Geld dafür stammt von kleinen und mittelständischen Unternehmen sowie vermögenden Privatleuten. Damit soll es Studierenden der Technischen Universität ermöglicht werden, die hohen Lebenshaltungskosten in München zu bezahlen.

Details. Über ein spezielles Auswahlverfahren stellt die Uni sicher, dass wirklich nur Leistungsträger gefördert werden. Das soll die Ausfallquote gering und die Rendite hoch halten. Ein kleines Manko des Fonds: Aus der einkommensabhängigen Rückzahlung wird ein normales Darlehen, wenn Sie nach dem Studium in einem Land mit niedrigem Einkommensniveau arbeiten.

Kredit. Nach erfolgreicher Bewerbung können Studierende bis zu 750 Euro monatlich aus dem Fondstopf bekommen, höchstens jedoch 30 000 Euro während des gesamten Studiums. Das gilt für die Regelstudienzeit plus ein Semester. Zusätzlich gibt es auf Antrag eine Einmalzahlung bis zu 5 000 Euro als Kredit, beispielsweise für einen Auslandsaufenthalt, ein Praktikum oder eine Forschungsarbeit.

Rückzahlung. Dieses Rundum-Sorglos-Paket für Studenten hat natürlich seinen Preis. Wer einen ersten Job ergattert, muss – abhängig von der Höhe seines Einkommens – Beiträge in den Bildungsfonds zurückzahlen. Wie viel und wie lange legt jeder bereits vor Beginn der Förderung fest. Sie haben also keine fixen Schulden wie bei anderen Krediten, sondern zahlen das in den Topf zurück, was Sie sich leisten können. Der eine mehr, der andere weniger: eben verdienstabhängig. Ein beruhigendes Gefühl für diejenigen, deren Jobeinstieg nicht so gut klappt wie erwartet. Und auch die überdurchschnittlichen Verdiener müssen keine Angst haben, zu viel zu zahlen. Denn die Rückzahlung ist auf eine Maximalsumme beschränkt. Während einer Promotion muss übrigens nichts zurückgezahlt werden, sondern erst ab dem ersten Verdienst. Sind Sie während des gesamten festgelegten Rückzahlzeitraums arbeitslos, müssen Sie keinen Cent zurückzahlen. Bei Abbruch des Studiums wird die bis dahin ausgezahlte Summe in ein normales Darlehen umgewandelt.

Antrag. Um über diesen Bildungsfonds gefördert zu werden, müssen Sie an der TU München studieren, sich im Auswahlverfahren erfolgreich behaupten und dürfen nicht älter als 30 Jahre sein. Weitere Infos und die Bewerbungsunterlagen finden Sie auf der Seite **www.bildungsfonds.de**.

Zusammengefasst: Hochschulspezifische Bildungsfonds bieten Studenten in der Regel faire Konditionen. Dennoch ist es grundsätzlich ratsam, sich sehr genau zu informieren, bevor Sie auf diese Finanzierungsquelle setzen. Im Allgemeinen erleichtern solche Fonds auch finanzschwächeren Studenten ein Studium, und vor allem die verdienstabhängige Rückzahlung ist fair.

DKB-Studenten-Bildungsfonds

Das Angebot der Deutschen Kreditbank AG (DKB) nennt sich zwar auch „Studenten-Bildungsfonds", ist aber im Grunde ein herkömmlicher Dispokredit. Das Geld stammt nicht von Fondsanlegern, und Studierende zahlen nicht verdienstabhängig in festen Raten zurück.

Details. Den Studenten-Bildungsfonds der DKB können Studierende aller Fachrichtungen erhalten. Egal ob sie an einer Universität, Fachhochschule oder einer privaten Bildungseinrichtung studieren. Voraussetzung: Sie müssen deutscher Staatsbürger sein und ihr Studium vor Vollendung des 30. Lebensjahres begonnen haben. Gefördert wird unabhängig vom Einkommen der Eltern und davon, ob sie BAföG oder ein Stipendium bekommen.

Kredit. Wer den Studenten-Bildungsfonds beantragt, kommt im Endeffekt in den Genuss eines Dispositionskredits. Das heißt, der Überziehungsrahmen des Kontos wird während des Studiums um bis zu 650 Euro pro Monat erhöht. Wer einen Auslandsaufenthalt finanzieren muss oder einen neuen Computer braucht, kann einmalig bis zu 5 000 Euro extra bekommen. Bei maximal 44 000 Euro ist Schluss. Voraussetzung für die Förderung ist, dass Studierende ein DKB-Cash-Konto eröffnen. Dann können sie das Geld für alles ausgeben, was direkt oder indirekt mit dem Studium zu tun hat. Dazu gehören zum Beispiel Lebenshaltungskosten, Studiengebühren oder Fachliteratur.

Rückzahlung. Gefördert wird bis zum Ende der Regelstudienzeit plus zwei Semester. Dann endet die monatliche Erhöhung des Dispos. Spätestens zwölf Monate nach Abschluss des Studiums – oder nach Ablauf der Regelstudienzeit plus vier Semester – beginnt die Rückzahlungsphase. Dann muss der monatlich in Anspruch genommene Betrag plus 6,49 Prozent Effektivzins (Stand: Juni 2011) getilgt werden. Sondertilgungen oder eine komplette Ablösung sind sowohl während der Auszahlungs- als auch der Rückzahlungsphase jederzeit kostenlos möglich. Die Rückzahldauer ist auf 20 Jahre beschränkt.

Zusammengefasst: Im Grunde ist der DKB-Studenten-Bildungsfonds trotz seines Namens eher vergleichbar mit einem herkömmlichen Dispokredit. Schwierig wird es, wenn die Karenzphase endet und Studierende noch keinen Job haben, den Kredit aber dennoch tilgen müssen. Er kann also nur eine Ergänzung sein: zum Studienabschluss oder für Extrakosten, wobei der Kredit so niedrig wie möglich gehalten werden sollte.

Resümee

Trotz der Vielzahl der Angebote sollten Sie es sich gut überlegen, ob Sie überhaupt einen Kredit brauchen oder Ihr Studium doch anders finanzieren können. Sonst droht die Gefahr, dass Sie nach dem Studium mit einem Berg Schulden dastehen – auch wenn Politiker bisweilen versuchen, öffentlich geförderte Kredite schönzureden. Schließlich sind Beträge bis zu 10 000 Euro viel Geld für frischgebackene Akademiker, die gerade erst in den Job einsteigen.

Stipendien

Wissenswertes

Viele Studenten bewerben sich nicht um ein Stipendium aus der irrigen Vorstellung heraus, das sei nur etwas für Streber oder Leute mit Einser-Abitur. Doch entgegen der landläufigen Meinung werden nicht ausschließlich Hochbegabte gefördert. Obwohl derzeit nur rund 3 Prozent aller Studierenden in Deutschland Geld über ein Stipendium bekommen, stehen die Chancen dafür theoretisch gar nicht schlecht. Allein der Bundesverband Deutscher Stiftungen hat in seinem Verzeichnis über 19 000 Stiftungen gelistet, unter denen man sich die passende heraussuchen kann. Oft gibt politisches oder soziales Engagement den Ausschlag. Dennoch gehört ein überdurchschnittliches Abiturzeugnis natürlich dazu, und meist ist ein Gutachten von einem Dozenten oder Professor Bewerbungsvoraussetzung.

Die verschiedensten Organisationen vergeben Stipendien: Parteien, Kirchen, der Staat, die Wirtschaft, Kommunen oder private Stiftungen. Trotz der Vielzahl der Organisationen kommt aber nicht jeder Student für jedes Stipendium infrage. Die Stiftungen verfolgen meist eine ganz bestimmte Zielsetzung und haben kein Geld zu verschenken. Deshalb muss ein Stipendiat genau zum Anforderungsprofil passen. Jede Stiftung stellt eigene Bedingungen, und nicht bei allen können Sie sich selbst bewerben, sondern müssen vorgeschlagen werden. Neben den im Folgenden aufgelisteten wichtigsten deutschen Stiftungen, die Studierende bundesweit fördern, gibt es natürlich viele weitere regionale oder

---

Stipendium

Ein Stipendium ist eine finanzielle Unterstützung, die unter anderem Schüler, Studenten oder junge Wissenschaftler bekommen. Die Geförderten werden als Stipendiaten bezeichnet. In den meisten Fällen werden damit besonders gute Leistungen honoriert. Manche Stipendien werden jedoch auch für politisches oder soziales Engagement vergeben. In Deutschland muss man sich dafür in der Regel bei einer Stiftung bewerben. Steht diese beispielsweise einer Partei nahe, muss nachgewiesen werden, dass an deren Politik Interesse besteht.

bundeslandspezifische Organisationen. Dabei wird die Voraussetzung „Bedürftigkeit" je nach Stiftung unterschiedlich definiert und bedeutet nicht zwangsläufig, dass Studierende am Hungertuch nagen müssen, bevor es Geld gibt. Auch der Begriff „Würdigkeit" verlangt nicht immer Spitzenleistungen, sondern setzt oft lediglich die Aufnahme eines Erststudiums voraus, das innerhalb der Regelstudienzeit absolviert wird. Es lohnt sich also immer, am Hochschulort oder bei den Studienberatungsstellen danach zu fragen.

Die meisten Stiftungen fördern nicht nur finanziell, sondern auch ideell. Das heißt, sie stellen unter anderem Kontakte für den Berufseinstieg her, bieten Seminare an oder geben wertvolle Tipps für das Studium. Zur individuellen Betreuung gehört auch ein Ansprechpartner für Bewerber und Stipendiaten direkt an der Hochschule: Mangelware in Zeiten anonymer, überfüllter Massenuniversitäten. Die Namen der sogenannten Vertrauensdozenten finden Sie in der Regel im Vorlesungsverzeichnis.

Die Begabtenförderungswerke wollen ihre Stipendiaten individuell fördern und zu eigenverantwortlichem Handeln erziehen. Dabei haben sie zwar gemeinsame Leitvorstellungen, legen bei der Auswahl jedoch auf unterschiedliche Dinge Wert. Bei den parteinahen Stiftungen spielt beispielsweise eine Rolle, ob Sie sich mit der jeweiligen Politik identifizieren können, bei den konfessionellen vor allem die Religionszugehörigkeit. Ob sich Interessierte selbst bewerben können oder ob sie von jemandem vorgeschlagen werden müssen, hängt von der jeweiligen Stiftung ab. Studienanfänger werden meist noch nicht berücksichtigt. Doch ab dem zweiten oder dritten Fachsemester steigen ihre Chancen. Werden sie aufgenommen, müssen die neuen Stipendiaten häufig erst einmal eine Probezeit bestehen. Wer da gute Leistungen zeigt, wird weiterhin gefördert.

Um überhaupt in Betracht zu kommen, müssen Bewerber zuallererst einigen Papierkram bewältigen und dabei die formalen Kriterien einhalten. Wer die nicht beachtet, kassiert schnell eine unnötige Absage. Wichtig ist, dass Sie nachweisen können, inwieweit Sie sich gesellschaftlich engagieren. Viele Institutionen verlangen zudem ein oder mehrere Persönlichkeitsgutachten von Hochschuldozenten. Dort können Sie sich also erst bewerben, wenn Sie schon an einer Hochschule studieren. Wer diese erste Hürde des Auswahlverfahrens erfolgreich übersprungen hat, wird häufig in schriftlichen und mündlichen Prüfungen sowie Einzelgesprächen auf Herz und Nieren getestet.

Was zu beachten ist

Auswahl. Es lohnt sich, viel Zeit für die Suche nach dem richtigen Stipendium einzusetzen. Denn neben den im Folgenden beschriebenen bekannten Stiftungen gibt es Tausende weiterer Geldgeber. Je genauer das Stiftungsziel auf Sie als Bewerber zutrifft, desto größer sind Ihre Chancen. Sie tun also gut daran, sich gezielt eine Stiftung herauszusuchen, zu der Sie passen, anstatt viele unmotivierte Bewerbungen auf einen Schlag herauszuschicken.

Sorgfalt. Lesen Sie vor der Bewerbung alle Unterlagen sorgfältig durch und füllen Sie die Fragebögen in aller Ruhe aus. Nichts ist ärgerlicher, als durch einen Formfehler aus dem Verfahren zu fliegen.

Vertrauensdozenten. Lassen Sie sich zu den Aufnahmebedingungen und weiteren Anforderungen ausführlich beraten. Und denken Sie daran, dass Sie als Stipendiat einem sehr starken Leistungsdruck ausgesetzt sind. Die meisten Stiftungen haben an jeder deutschen Hochschule einen Ansprechpartner für Interessenten: sogenannte Vertrauensdozenten. Die Namen finden Sie im Vorlesungsverzeichnis.

Gutachten. Viele Stiftungen verlangen Persönlichkeitsgutachten. In den meisten Fällen müssen die von einem Hochschuldozenten oder Lehrer stammen, der darin Ihre Persönlichkeit einschätzt und etwas zu Ihrer Leistungsfähigkeit schreibt. Ein bekannter Gutachter nutzt wenig, wenn seine Einschätzungen nur oberflächlich sind. Daher sollten Sie sich jemanden suchen, der Sie einigermaßen gut kennt und von dem Sie eine gute Beurteilung erwarten können.

> **Die elf staatlichen Begabtenförderungswerke**
> - Studienstiftung des deutschen Volkes
> - Friedrich-Ebert-Stiftung
> - Konrad-Adenauer-Stiftung
> - Friedrich-Naumann-Stiftung
> - Hanns-Seidel-Stiftung
> - Heinrich-Böll-Stiftung
> - Rosa-Luxemburg-Stiftung
> - Hans-Böckler-Stiftung
> - Stiftung der Deutschen Wirtschaft
> - Cusanuswerk
> - Evangelisches Studienwerk Villigst

Vorbereitung. Es ist nicht ganz einfach, sich systematisch auf ein Einzelgespräch vorzubereiten, weil die Prüfer ihre Themen frei auswählen können und je nach Zusammensetzung der Kommission unterschiedliche Akzente auftreten. Sie sollten sich, wenn es sich um eine parteinahe Stiftung handelt, beispielsweise über die Geschichte der Partei informieren sowie über große Politiker, die aus ihr hervorgegangen sind. Es schadet nicht, wenn Sie sich mit den Grundzielen auseinandergesetzt haben, selbst wenn das vielleicht nicht explizit abgefragt wird. Eine Aussage wie „Ich habe schon immer Ihre Partei gewählt" bringt nichts, sondern wirkt wie der Versuch, sich einschleimen zu wollen.

Es ist oft nützlich, die Seminarprogramme der Stiftungen zu studieren. Daraus lassen sich viele Informationen über Schwerpunktsetzungen herauslesen. Fragen Sie auch bei Kommilitonen nach, die schon gefördert werden, wie ihr Vorstellungsgespräch ablief.

Eine beliebte Frage in solchen Prüfungsgesprächen ist diese: „Nennen Sie uns doch ein paar Gründe, warum wir Sie aufnehmen sollten." Darauf sollten Sie eine Antwort parat haben, die sowohl die inhaltliche Planung Ihres Studiums umfasst als auch Ihre Persönlichkeit. Versetzen Sie sich in die Lage der Stiftungsvertreter. Sie haben kein Geld zu verschenken, sondern müssen selbst Rechenschaft über ihre Auswahl ablegen. Vorrangig wollen sie Studierende unterstützen, die dazu beitragen können, die Stiftungsziele zu erreichen.

Die Unterstützung durch Stipendien ist die beste Möglichkeit der Studienfinanzierung. Schließlich muss die erhaltene Förderung nicht zurückgezahlt werden. Zwar bekommen im Moment nur rund 2 Prozent aller Studierenden in Deutschland ein Stipendium. Doch das wird sich in Zukunft ändern, da auch immer mehr Unternehmen bereit sind, begabte und bedürftige Nachwuchsakademiker zu unterstützen. Auf den folgenden Seiten sind die wichtigsten deutschen Stiftungen sowie Förderformen wie Online-Stipendien aufgeführt, einschließlich wichtiger Infos zu Auswahlkriterien und Bewerbung. Eine Übersicht über nahezu alle deutschen Stiftungen finden Sie im Internet unter **www.stiftungen.org**, **www.stifterverband.de**, **www.stipendiendatenbank.de** oder **www.stipendienlotse.de**.

Wie hoch die Förderung ist

Die finanziellen Mittel der elf staatlichen Begabtenförderungswerke stammen zum größten Teil aus dem Haushalt des Bundesministeriums für Bildung und Forschung. Der Höchstsatz liegt derzeit bei 597 Euro pro Monat (Stand: Juni 2011). Der genaue Förderbetrag hängt vom Einkommen und Vermögen des Stipendiaten, seines Ehepartners oder der Eltern ab. Zu der Grundförderung kommt in der Regel eine monatliche Bücherpauschale von 150 Euro. Zudem werden auf Antrag Auslandsaufenthalte wie beispielsweise Studienreisen, Konferenzbesuche, Auslandssemester oder Praktika gefördert. Studiengebühren an ausländischen Hochschulen können bis zu einer gewissen Höchstsumme erstattet werden. Unter bestimmten Voraussetzungen kommen noch bis zu 73 Euro

Zuschuss zur Kranken- und Pflegeversicherung dazu. Verheiratete Studenten haben zudem Anspruch auf einen Familienzuschlag von 155 Euro. Für Kinderbetreuungskosten gibt es mindestens 113 Euro extra.

Übrigens: Wer bereits mit öffentlichen Mitteln wie BAföG gefördert wird, braucht sich im Grunde gar nicht erst zu bewerben oder muss sich dann für eines von beiden entscheiden. Eine doppelte Finanzierung ist prinzipiell ausgeschlossen. In den meisten Fällen wird ein Student bis zum Ende der Regelstudienzeit gefördert. Eine Verlängerung ist grundsätzlich möglich, muss aber begründet werden.

Für Promovierende ist der Höchstsatz mit 1 050 Euro plus einer eventuellen Forschungskostenpauschale von 100 Euro, Kinderbetreuungskosten und Familienzuschlag fast doppelt so hoch. Das liegt daran, dass Promotionsvorhaben unabhängig vom elterlichen Einkommen berechnet werden.

Parteinahe Stiftungen

Jeder Partei ihre Stiftung: Alle im Bundestag vertretenen Parteien haben eine gegründet. Das Ziel ist es, Nachwuchs heranzuziehen und besonders begabte Studierende zu fördern. Mitglied in der Partei zu sein ist keine Grundvoraussetzung für Bewerber. Es wird nur erwartet, dass sie der jeweiligen Partei politisch nahestehen bzw. deren Werte vertreten. Die Stiftungen sind im Folgenden nach ihrer Größe aufgeführt.

Friedrich-Ebert-Stiftung

Die der SPD nahestehende Friedrich-Ebert-Stiftung (FES) ist die größte und älteste parteinahe Stiftung in Deutschland und vergibt bereits seit 1925 Stipendien.

Förderprinzipien. Die Stiftung will über Stipendien soziale Benachteiligungen mindern und Persönlichkeiten fördern, die sich für Freiheit, Gerechtigkeit und sozialen Zusammenhalt engagieren. Neben überdurchschnittlichen Leistungen zählen auch politisches oder gesellschaftliches Engagement und die Persönlichkeit der Bewerber. Die Auswahl hängt nicht von der Parteimitgliedschaft ab. Jedoch werden politische Sachkenntnis sowie Nähe zu den Grundwerten der sozialen Demokratie erwartet. Kinder aus einkommensschwachen Schichten werden generell und in der Stipendienhöhe in besonderem Maße berücksichtigt. Die FES fördert jährlich rund 2 400 Studierende und Promovierende.

Ideelle Förderung. Den Stipendiaten stehen Vertrauensdozenten zur Seite. Sie haben zudem Zugriff auf das stiftungseigene Netzwerk und zahlreiche Seminarangebote. Hochschulgruppenarbeit, Arbeitskreise und Veranstaltungsreihen runden die Förderung ab.

Bewerbung. Es werden in der Regel sowohl Studierende aus Studiengängen an staatlichen Universitäten als auch Fachhochschulen gefördert. Bei ausländischen Studierenden wird das Studium an Fachhochschulen nicht unterstützt. Zudem gibt es Sonderfonds für Akademiker, die aus rassischen, politischen oder religiösen Gründen verfolgt werden. Daneben fördert die Stiftung Aufbau- und Masterstudiengänge, die mindestens vier Semester dauern, jedoch keine reinen Auslandsstudiengänge außerhalb der EU, Studienabschlussphasen und Zweitstudiengänge. Bei der FES muss sich jeder selbst bewerben, wobei alle Fachrichtungen außer Promotionen im Bereich Medizin möglich sind. Voraussetzung ist die Immatrikulation in Deutschland. Ausländische Studierende können sich nur bewerben, wenn sie an einer Uni eingeschrieben sind und das Grundstudium beendet haben. Bewerbungsfristen gibt es keine: Das heißt also, dass Sie Ihre Bewerbung jederzeit einreichen können. Bei Studiengängen an Fachhochschulen bis zum Ende des vierten Semesters, bei Aufbau- und Masterstudiengängen bis zum Ende des ersten Semesters, bei einem Bachelor bis zum Ende des dritten Semesters, bei Diplom, Magister und Staatsexamen bis zum Ende des sechsten Semesters. Weitere Informationen bekommen Sie unter www.fes.de.

Konrad-Adenauer-Stiftung
Die Konrad-Adenauer-Stiftung steht der CDU nahe und vergibt seit 1965 Stipendien an Studierende.

Förderprinzipien. Gefördert werden überdurchschnittlich begabte Studierende aus dem In- und Ausland, die damit für Aufgaben in Politik und Wirtschaft, in Wissenschaft und Medien, im Kultur- und Verbandsbereich vorbereitet werden sollen. Dabei legt die Stiftung Wert auf soziales oder politisches Engagement und Offenheit gegenüber christlich-demokratischen Grundideen. Pro Jahr werden rund 300 Studierende und 100 Graduierte von der Konrad-Adenauer-Stiftung gefördert.

Ideelle Förderung. Neben der finanziellen Förderung steht den Stipendiaten ein studienbegleitendes umfangreiches Seminarprogramm zur Verfügung. Einige Veranstaltungsbesuche sind Pflicht. Außerdem werden die Studenten individuell betreut, beraten und sie bekommen Hilfe bei der Suche nach Praktika.

Bewerbung. Für ein Stipendium können Sie sich bewerben, wenn Sie nicht älter als 32 Jahre sind. Weitere Voraussetzungen sind überdurchschnittliche Begabung, charakterliche Reife und politische Aufgeschlossenheit. Um überhaupt aufgenommen werden zu können, müssen Sie noch mindestens vier Semester Studium innerhalb der Regelstudienzeit vor sich haben. Ausländische Bewerber sollten bereits einen Abschluss im Heimatland vorweisen können. Zweit- und Auslandsstudien außerhalb der EU werden generell nicht gefördert. Das zweistufige Auswahlverfahren dauert drei bis vier Monate. Eine interne Vorauswahl entscheidet über die Einladung zu einer Tagung mit Klausuren, Gruppendiskussion und Einzelgespräch. Wer dort überzeugt, hat zunächst ein Jahr Probezeit vor sich. Wird diese erfolgreich bewältigt, beginnt die Hauptförderung. Der Studierende kann damit rechnen, innerhalb der Regelstudienzeit bis zum Ende des Erststudiums gefördert zu werden. Nach Ablauf der Probeförderungszeit können auch Auslandsstudien bis zu zwei Semester finanziell unterstützt werden.

Bewerbungstermine sind der 15. Januar und der 1. Juli. Für Promovierende und Graduierte gelten die Termine 15. Juli und 15. Dezember. Weitere Infos finden Sie auf der Homepage der Stiftung unter **www.kas.de/begabtenfoerderung**.

Friedrich-Naumann-Stiftung

Die Friedrich-Naumann-Stiftung steht der FDP nahe. Sie wurde bereits 1958 gegründet und fördert seitdem den liberalen akademischen Nachwuchs der Bundesrepublik.

Förderprinzipien. Drei Dinge sind für die Förderung der Friedrich-Naumann-Stiftung von entscheidender Bedeutung: überdurchschnittliche wissenschaftliche Begabung, die Persönlichkeit eines jungen Menschen und gesellschaftliches oder politisches Engagement aus einer liberalen Grundhaltung heraus. Über die Studienförderung will die Partei vor allem die Annäherung an Osteuropa voranbringen.

Ideelle Förderung. Neben Geld bietet die Stiftung Seminare, Ferienakademien und Arbeitskreise. Jeder Stipendiat wird individuell von Vertrauensdozenten beraten und betreut und bekommt auf Wunsch Praktika vermittelt.

Bewerbung. Das Förderprogramm ist offen für deutsche Studierende ab dem zweiten Fachsemester, für ausländische frühestens nach dem Bachelor oder Vordiplom, sofern Bewerber die Voraussetzungen erfüllen und das Auswahlverfahren erfolgreich bestehen. Das gilt sowohl für Universitäten als auch für Fachhochschulen. Bewerbungsschluss ist jeweils am 31. Mai und 30. November eines Jahres. Wer reinkommt, wird zunächst für ein Jahr gefördert. Zeigt ein Student entsprechende Leistungen, gibt es bis zum Ende des Studiums Geld. Weitere Infos zu den Bewerbungsformalitäten bekommen Sie unter **www.freiheit.org**.

Hanns-Seidel-Stiftung

Diese Stiftung steht der CSU nahe und wurde 1967 gegründet. Sie gehört zu den jüngeren unter den deutschen Begabtenförderungswerken und vergibt erst seit 1981 Stipendien.

Förderprinzipien. Wer in den Kreis aufgenommen werden möchte, muss zum einen überdurchschnittliche Schul- und Studienleistungen und zum anderen gesellschaftspolitisches Engagement vorweisen können. Das kann im Bereich offene Jugendarbeit sein, im sozialen oder parteipolitischen Bereich oder in studentischen Organisationen. Wertvorstellungen im Sinne der christlichen Weltanschauung runden das Idealbild eines Stipendiaten der Hanns-Seidel-Stiftung ab. Jährlich werden rund 60 Studierende und 70 Graduierte neu in die Förderung aufgenommen.

Ideelle Förderung. Dazu gehören unter anderem Akademien, Medien- und Rhetorikseminare und Tagungen, an denen die Teilnahme Pflicht ist. Zudem ist jeder Stipendiat Mitglied der Hochschulgruppe. Pflicht ist auch die Teilnahme an einer Grundakademie plus einer Aufbauakademie im Hauptstudium.

Bewerbung. Die Stiftung fördert unter anderem junge, hochqualifizierte ausländische Wissenschaftler, um damit einen Beitrag zur Weiterentwicklung deren Heimatländer zu leisten. Zudem werden Studenten und Promovierende aller Hochschulen und Fachhochschulen in Deutschland gefördert. Der beste Zeitpunkt für eine Bewerbung ist nach einem Semester, wenn Sie bereits Scheine vorweisen können. Zweitstudien werden generell nicht gefördert. Gleiches gilt für reine Auslandsstudien und Studenten, die älter als 32 Jahre sind. Unistudenten und Graduierte müssen ihren Antrag bis zum 15. Januar und 15. Juli eines Jahres abgeben, Fachhochschulstudenten zum 15. Mai und 15. November. Mehr Informationen finden Sie unter www.hss.de, Stipendium.

Heinrich-Böll-Stiftung

Die Heinrich-Böll-Stiftung steht Bündnis 90/Die Grünen nahe und ist eine föderal organisierte Bundesstiftung mit 16 Landesgliederungen. In ihrer jetzigen Form existiert sie seit 1996/1997.

Förderprinzipien. Jährlich werden etwa 800 Studierende und Promovierende aller Fachrichtungen aus dem In- und Ausland gefördert. Die Stipendien werden vor allem an besonders begabte, politisch interessierte deutsche und ausländische Studierende und Graduierte aller Fachrichtungen vergeben. Bei der Auswahl legt die Stiftung besonderes Augenmerk auf Werte wie Ökologie, Demokratie, Solidarität und Gewaltfreiheit sowie Migration und Geschlechterdemokratie. Wie die Konrad-Adenauer-Stiftung verfolgt auch die Heinrich-Böll-Stiftung das Ziel, zukünftige Fach- und Führungskräfte in Wissenschaft, Politik, Medien, Wirtschaft und Gesellschaft zu fördern.

Ideelle Förderung. Neben der finanziellen Förderung offeriert die Stiftung zahlreiche Veranstaltungen und Seminare. Für die Betreuung der Stipendiaten stehen Vertrauensdozenten und Mentoren an fast allen deutschen Universitäten bereit.

Bewerbung. Vor allem Bewerbungen von Studenten der Sozial- und Geisteswissenschaften, Kunst- und Kulturwissenschaften sowie Wirtschafts- und Rechtswissenschaften sind willkommen. Bevorzugt werden Frauen in naturwissenschaftlichen und technischen Studiengängen, Bewerber mit Migrationshintergrund und Studierende aus Osteuropa. Grundsätzlich sollten alle hervorragende Leistungen vorweisen und belegen können, dass sie bereit sind, gesellschaftliche Verantwortung zu übernehmen. Bewerbungen werden erst nach Ende des ersten Semesters angenommen und geeignete Studierende nach ihrer Kurzbewerbung zu einer ausführlichen aufgefordert. Als dritte Stufe folgt ein Auswahl-Workshop mit Einzelgesprächen und Gruppendiskussionen. Bewerbungsschluss für Studierende und Graduierte ist jeweils am 1. März und 1. September eines Jahres. Weitere Infos unter www.boell.de, „Stipendien & mehr".

Rosa-Luxemburg-Stiftung

Die Rosa-Luxemburg-Stiftung vergibt als parteinahe Stiftung der Linkspartei.PDS erst seit Ende 1999 Stipendien und ist damit die jüngste im Bunde.

Förderprinzipien. Aus der Geschichte der Partei heraus werden vor allem Studenten gefördert, die sich für soziale Gerechtigkeit, Demokratie und die Freiheit kritischen Denkens einsetzen. Hauptanliegen der Stiftung ist die Aufrechterhaltung des demokratischen Sozialismus, Internationalismus, Feminismus, Antifaschismus und Antirassismus. Zudem werden politisches und gesellschaftliches Engagement sowie gute Leistungen grundsätzlich vorausgesetzt. In der Regel werden pro Jahr ca. 120 Stipendiaten neu aufgenommen, darunter rund 25 Promovierende.

Ideelle Förderung. Neben Einführungsseminaren und Seminaren zu Techniken des wissenschaftlichen Arbeitens sind Ferienakademien, Workshops und Bildungsreisen im Angebot. Die Teilnahme an einzelnen Seminaren ist obligatorisch. Daneben werden die Stipendiaten individuell betreut und beraten.

Bewerbung. Bis zum 31. Oktober und 30. April jedes Jahres können sich Studierende an Universitäten und Fachhochschulen bewerben. Vorausgesetzt, sie sind bis zum Ende der Regelstudienzeit nicht älter als 30 und studieren ab dem Beginn der Förderung noch mindestens vier Semester. Bewerben kann sich jeder selbst. Ist die erste Hürde genommen, folgt ein zweistufiges Verfahren mit Vorauswahl und Auswahltagung. Nur in Ausnahmefällen werden Aufbaustudien gefördert, Zweitstudien generell nicht. Weitere Infos zur Rosa-Luxemburg-Stiftung finden Sie unter **www.rosalux.de**.

Konfessionelle Stiftungen

Zu den elf staatlichen Begabtenförderungswerken gehören auch zwei, die ihre Stipendien entsprechend der Glaubensrichtung vergeben. Das Cusanuswerk fördert katholische Studierende, das Evangelische Studienwerk Villigst den protestantischen Akademikernachwuchs.

Cusanuswerk

Das Cusanuswerk ist eine Einrichtung der katholischen Kirche. Es wurde 1956 ins Leben gerufen und steht unter der Aufsicht der katholischen Deutschen Bischofskonferenz.

Förderprinzipien. Um in den Genuss der kirchlichen Förderung zu kommen, muss ein Student Katholik und an einer staatlichen Hochschule immatrikuliert sein. Zudem sollte er noch mindestens vier Semester Studium innerhalb der Regelstudienzeit vor sich haben. Zu den Grundvoraussetzungen gehören hervorragende Leistungen im Studienfach und die Fähigkeit, Verantwortung zu übernehmen. Wichtig ist der Stiftung auch, dass die Bewerber ihren Glauben leben. In der Regel werden 20 Prozent aller Bewerber aufgenommen, bis zu 120 Studierende pro Jahr.

Ideelle Förderung. Dazu gehören Jahrestreffen, Akademien, Fachschaftstagungen und Workshops sowie Besinnungstage. Die Teilnahme an mindestens einer Veranstaltung pro Jahr ist obligatorisch. Darüber hinaus werden die Stipendiaten auf Wunsch individuell beraten und betreut.

Bewerbung. Jeder Studierende kann sich selbst für ein Stipendium bewerben. Mehr Aussicht auf Erfolg hat jedoch, wer von einem Hochschullehrer, Schulleiter oder einem Ehemaligen vorgeschlagen wird. Die Bewerbungsfristen enden jeweils zum 1. Oktober, für Fachhochschulstudenten zusätzlich zum 1. April jedes Jahres. Um endgültig in die Riege der Cusanuswerk-Stipendiaten aufgenommen zu werden, müssen sich Bewerber einem strengen Auswahlverfahren stellen. Informationen unter www.cusanuswerk.de.

Evangelisches Studienwerk Villigst

Das Evangelische Studienwerk Villigst ist das Förderungswerk der Evangelischen Kirche in Deutschland. Gegründet wurde es 1948, um nach der nationalsozialistischen Diktatur eine andere geistige Bildung zu ermöglichen.

Förderprinzipien. Bei der Auswahl der Stipendiaten wird großer Wert auf soziale Verantwortung, Widerspruchstoleranz und demokratisches Denken gelegt. Jede Fachrichtung ist willkommen. Grundvoraussetzung ist die Zugehörigkeit zur evangelischen Kirche, eine überdurchschnittliche fachliche Begabung und soziales Engagement. Pro Jahr werden rund 140 Studierende und 60 Graduierte in den Förderkreis aufgenommen.

Ideelle Förderung. Stipendiaten erhalten eine individuelle Beratung, die um ein Seminarprogramm mit Sommeruniversität, Sprachkursen, Praktika, Bildungsveranstaltungen, Tagungen und Workshops ergänzt wird. Zudem sind die Stipendiaten auf allen Entscheidungsebenen beteiligt und bestimmen die Entwicklung der Stiftung mit.

Bewerbung. Abiturienten und Studierende können sich in Eigeninitiative bewerben. Eine Probezeit gibt es nicht. Jedoch wird von Stipendiaten erwartet, dass sie sich während ihres Studiums in verschiedenen Bereichen engagieren. Unistudenten dürfen zum Zeitpunkt der Bewerbung das fünfte Fachsemester nicht überschritten haben. Bei Fachhochschulstudenten gilt das dritte Fachsemester. Bewerbungsschluss ist jeweils der 1. März und 1. September eines Jahres. Übrigens müssen alle Bewerber eine Bearbeitungsgebühr in Höhe von zwölf Euro zahlen, die bis zum Bewerbungsschluss eingegangen sein muss. Mehr unter www.evstudienwerk.de.

Stiftungen ohne Selbstbewerbung

Bei einigen Stiftungen können Sie sich nicht selbst bewerben, sondern müssen von bestimmten Personen vorgeschlagen werden. Das sollte Sie jedoch nicht von einem Versuch abhalten. Schließlich besteht ja die Möglichkeit, die entsprechenden Leute von Ihren Fähigkeiten zu überzeugen. Zu dieser Art Stiftung gehören die Studienstiftung des deutschen Volkes sowie die gewerkschaftsnahe Hans-Böckler-Stiftung.

Studienstiftung des deutschen Volkes

Die Studienstiftung des deutschen Volkes ist das größte Begabtenförderwerk Deutschlands und politisch, konfessionell und weltanschaulich unabhängig. Sie wurde bereits 1925 als „Wirtschaftshilfe der Deutschen Studentenschaft" gegründet, während des Nationalsozialismus aufgelöst und 1948 neu gegründet.

Förderprinzipien. Nach eigenen Angaben betreibt sie Nachwuchsförderung für Wissenschaft, Wirtschaft, Verwaltung und Kunst. Bewerber sollen sich durch Leistung, Initiative und Verantwortung auszeichnen. Keine Rolle spielen dagegen wirtschaftliche und soziale Aspekte, politische Überzeugungen, Weltanschauung, Konfession und Geschlecht. Die Stiftung will ihren Stipendiaten vor allem Weltoffenheit sowie Schlüssel- und Zusatzqualifikationen für die spätere Tätigkeit vermitteln.

Ideelle Förderung. Zum rein fakultativen Programm gehören Sommeruniversitäten, Sprachkurse, Kurztagungen sowie die Betreuung durch Vertrauensdozenten. Ebenso werden Praktika und Kontaktseminare angeboten. Zusätzlich zum normalen Stipendium können Stipendiaten besondere Unterstützung für Studien, Famulaturen oder Praktika im Ausland erhalten. Postgraduiertenprogramme bieten darüber hinaus die Möglichkeit, die Ausbildung nach dem Studium an einer ausländischen Hochschule zu ergänzen.

Bewerbung. Die Studienstiftung fördert deutsche Studierende bis 30 Jahre an inländischen Universitäten, Technischen Hochschulen und Fachhochschulen sowie Kunst- und Musikhochschulen. Auch Studenten aus der EU können sich bewerben, sofern sie ihr Studium vorwiegend in Deutschland absolvieren. Zweit-, Zusatz- oder Aufbaustudien werden grundsätzlich nicht gefördert, wozu auch ein Studienfachwechsel nach mehr als vier Semestern zählt. Die Aufnahme läuft hauptsächlich über drei Wege: durch den Sieg bei einem Bundeswettbewerb, durch einen Vorschlag der Schulleitung oder den eines Professors. Wird ein Stipendiat vor der Zwischenprüfung aufgenommen, bleibt er zunächst für drei Semester im Programm. Bei entsprechenden Leistungen folgt danach die endgültige Aufnahme. Bewerbungsfristen gibt es nicht. Weitere Informationen finden Sie unter **www.studienstiftung.de**.

Hans-Böckler-Stiftung

Die Hans-Böckler-Stiftung steht dem Deutschen Gewerkschaftsbund nahe und wurde 1977 gegründet. Derzeit unterstützt sie knapp 1 600 Stipendiaten und gehört damit zu den größten deutschen Begabtenförderungswerken.

Förderprinzipien. Mit ihrer Studienförderung will die Stiftung einen Beitrag zu mehr Chancengleichheit im deutschen Bildungssystem leisten. Aus diesem Grund werden vorrangig Kinder von Arbeitnehmern sowie Absolventen des zweiten Bildungswegs gefördert. Bei der Auswahl wird großer Wert auf besonders gute Leistungen und gesellschaftspolitisches – sprich gewerkschaftliches – Engagement gelegt. Das Ziel, Berufstätigen ein Studium zu ermöglichen, ist ein wichtiges Merkmal der Hans-Böckler-Stiftung.

Ideelle Förderung. Das studienbegleitende Programm bietet jährlich rund 100 Seminare, Workshops und Tagungen, die größtenteils von Stipendiaten vorbereitet und durchgeführt werden. Daneben gibt es ein großes Praktikumprogramm sowie Betreuung durch Vertrauensdozenten.

Bewerbung. Die Stiftung fördert Studierende an staatlichen Hochschulen und Fachhochschulen ab dem ersten Semester. Schüler an Abendgymnasien werden nur dann aufgenommen, wenn sie ihren Beruf nicht mehr ausüben dürfen. Zweit- und Aufbaustudien werden nicht unterstützt. Ausnahme: ein Ergänzungsstudium, das nach einem Fachhochschulabschluss zur Promotionsreife führt. Um infrage zu kommen, müssen Bewerber noch die Hälfte ihres Studiums vor sich haben. Sie können sich nicht direkt bewerben, sondern müssen vorgeschlagen werden. Gewerkschaftsmitglieder müssen sich immer über ihre Gewerkschaft oder den DGB bewerben. Wer kein Mitglied ist, kann sich an die örtliche Stipendiatengruppe wenden. Zudem besitzen die Vertrauensdozenten ein Vorschlagsrecht. Fristen sind der 28. Februar und der 30. September jedes Jahres. Mehr Infos unter www.boeckler.de.

Wirtschaftsnahe Stiftungen

Außer Parteien und Kirchen haben auch diverse Unternehmen und Wirtschaftsverbände Stiftungen oder Ähnliches gegründet, um Studierende zu fördern. Informationen darüber, wer was im Angebot hat, bieten häufig die Hochschulen oder die jeweilige Landesregierung. Die beste Informationsquelle ist jedoch das Internet. Auf der Seite www.stiftungen.org können Sie unter anderem nach weiteren wirtschaftsnahen deutschen Stiftungen suchen. Die einzige dieses Typs unter den elf staatlichen Begabtenförderungswerken ist die Stiftung der Deutschen Wirtschaft.

Stiftung der Deutschen Wirtschaft

Die Stiftung der Deutschen Wirtschaft ist arbeitgebernah und wurde erst 1994 gegründet. Sie ist konfessionell unabhängig, überparteilich und wird von Unternehmen und Arbeitgeberverbänden getragen.

Förderprinzipien. Stipendien sollen vorrangig an leistungsstarke, gesellschaftlich engagierte Studierende und Promovierende vergeben werden, die Eigeninitiative und Gestaltungswillen mitbringen. Das Kernanliegen der Stiftung ist es, unternehmerisches Denken und Handeln in gesellschaftlicher Verantwortung zu stärken. Zugelassen sind alle Fachrichtungen, besonders gern gesehen sind jedoch Bewerber aus natur- und ingenieurwissenschaftlichen Studienfächern. Pro Jahr werden 250 neue Stipendiaten aufgenommen, insgesamt sind momentan rund 1 000 Stipendiaten in der Förderung.

Ideelle Förderung. Neben der finanziellen Förderung eröffnet sich den Stipendiaten ein breites Angebot an Seminaren, Kolloquien, Ferienakademien und Workshops. Zum Teil ist die Teilnahme obligatorisch. Die Studierenden werden von Vertrauensdozenten betreut.

Bewerbung. Selbstbewerbungen sind bei dieser Stiftung ausdrücklich erwünscht. Bewerben können sich Studierende in Bachelor-, Master-, Diplom-, Magister- oder Staatsexamensstudiengängen. Weitere Voraussetzung: die EU-Staatsbürgerschaft. Zweit- und Aufbaustudiengänge werden nicht gefördert. Zudem sollten Bewerber nicht älter als 30 sein. Für den Antrag brauchen Sie drei fachliche Einschätzungen von Fachlehrern aus verschiedenen Bereichen. Wer sich für ein Stipendium der Stiftung interessiert, sollte sich zunächst an einen Vertrauensdozenten der Stiftung an der Hochschule oder in der Region wenden. Nach einem ersten Bewerbungsgespräch folgt gegebenenfalls ein zentrales Auswahlverfahren mit Assessment-Center. Weitere Infos unter www.sdw.org.

Online-Stipendium e-fellows.net

In Zeiten des Internets und der fortschreitenden weltweiten Vernetzung bieten immer mehr Organisationen neuartige Stipendien an. Dazu gehören auch Online-Stipendien. Der Anbieter e-fellows.net orientiert sich bei den Auswahlkriterien vor allem an den Anforderungen der Wirtschaft.

e-fellows.net wurde im Jahr 2000 von McKinsey, der Deutschen Telekom und der Verlagsgruppe Georg von Holtzbrinck gegründet. Mittlerweile sind weitere Partnerunternehmen dazugestoßen. Zudem kooperiert das Karrierenetzwerk mit einigen Hochschulen, Initiativen und Verbänden. Es vergibt das erste Online-Stipendium dieser Art in Europa. Derzeit werden rund 16 000 Stipendiaten gefördert.

Förderprinzipien. e-fellows.net zielt insbesondere auf Studenten der Rechts- und Wirtschaftswissenschaften sowie natur- und ingenieurwissenschaftlicher Fächer. Von Bewerbern erwarten die Initiatoren verstärktes Interesse an wirtschaftlichen Themen sowie sehr gute akademische Leistungen, Praktika, Auslandsaufenthalte und gesellschaftliches Engagement. Das Ziel gleicht dem anderer Förderwerke: Die Stipendiaten sollen mit umfangreichen Services und

Recherchemöglichkeiten im Internet gefördert werden und ein Netzwerk für Studium und Karriere aufbauen.

Ideelle Förderung. Der Hauptteil der Förderung ist ideeller Natur. Auf der Internetseite e-fellows.net haben die Stipendiaten Zugang zu Informationen rund um Studium, Jobeinstieg und Karriere. Ein Teil der Inhalte ist offen für die Allgemeinheit, der andere steht nur registrierten Mitgliedern zur Verfügung, also Stipendiaten. Die haben dort unter anderem die Möglichkeit, sich kennenzulernen, miteinander Kontakt zu halten und sich Job- und Praktikumsangebote per E-Mail schicken zu lassen. Das Netzwerken wird also ganz groß geschrieben.

Materielle Förderung. Eine finanzielle Förderung wie bei den Begabtenförderungswerken gibt es bei e-fellows.net nicht. Dafür können die Stipendiaten kostenlos in fachspezifischen

> **Das „Who is Who"**
>
> Neben den elf staatlichen Begabtenförderungswerken gibt es viele weitere Stiftungen, Organisationen, Kommunen und Unternehmen in Deutschland, die Stipendien vergeben. Viele davon sind der Allgemeinheit kaum bekannt. Deshalb kann eine Bewerbung bei diesen manchmal erfolgreicher sein als bei den Großen. Es lohnt sich also, ein wenig Zeit zu investieren und sich auf die Suche nach dem richtigen Stipendium zu machen.
>
> - **Nachschlagewerk.** Das „Verzeichnis Deutscher Stiftungen" ist das „Who is Who" der Stiftungen in Deutschland und bietet den wohl umfangreichsten Überblick über deren Fördermöglichkeiten. Es erscheint jährlich und enthält rund 19 000 Stiftungsporträts mit Kontaktdaten, Angaben zu Stiftungszweck und Fördermaßnahmen. Sie finden es in jeder größeren Bibliothek, häufig auch auf CD-ROM.
>
> - **WorldWideWeb.** Der Bundesverband Deutscher Stiftungen ist auch im Internet vertreten. Online können Sie in dessen Datenbank gezielt nach der richtigen suchen. Von dort aus werden Sie in der Regel gleich auf die Homepage der jeweiligen Organisation verlinkt, wo es nähere Informationen zu den Anforderungen und Bewerbungsformalia gibt. In den meisten Fällen können die kompletten Bewerbungsunterlagen heruntergeladen und ausgedruckt werden. Diese Datenbank finden Sie unter www.stiftungen.org, Auswahlfeld „Stiftungssuche".
>
> - **Infobroschüre.** Wer lieber etwas Greifbares in Händen halten will, kann die kostenlose Informationsbroschüre des Bundesbildungsministeriums bestellen. Sie trägt den Titel „Mehr als ein Stipendium – staatliche Begabtenförderung im Hochschulbereich 2009" und kann im Internet unter www.stipendiumplus.de abgerufen werden.

Datenbanken recherchieren. Außerdem wird die Grundgebühr für einen Internetzugang übernommen, und es gibt kostenlose Abos von Zeitungen wie Handelsblatt oder Die Zeit. Zudem befreien manche Universitäten wie beispielsweise die Uni Passau die Stipendiaten von den Studiengebühren auf das Erststudium. Zunächst werden Studierende zwei Semester lang gefördert. Dann müssen sie ihre Bewerbungsdaten per E-Mail aktualisieren. Auf dieser Grundlage wird über eine Verlängerung der Förderung entschieden.

Bewerbung. Um sich bewerben zu können, muss ein Studierender an einer Hochschule im In- oder Ausland eingeschrieben sein. Der Vorgang an sich ist einfach: Zuerst müssen Sie bei e-fellows.net Mitglied werden, dann können Sie den Online-Bewerbungsbogen ausfüllen. Nach ein paar Wochen erhalten Sie per E-Mail die Nachricht, ob Sie als Stipendiat infrage kommen. Danach werden weitere Unterlagen von Ihnen angefordert. Wer diese nächste Hürde nimmt, wird als Stipendiat aufgenommen und für die Homepage und ihre Angebote freigeschaltet. Mehr Infos zu diesem Online-Stipendium bekommen Sie unter www.e-fellows.net.

Deutschlandstipendium

Auch der Bund steigt neuerdings zusätzlich zum BAföG in das Stipendiengeschäft ein – und zwar mit dem sogenannten Deutschlandstipendium. Das startete zum Sommersemester 2011 bundesweit an staatlichen und staatlich anerkannten Hochschulen, wobei jede selbst entscheiden kann, ob und ab wann sie daran teilnehmen möchte. Allerdings kommen nicht alle Studierenden in den Genuss des neuen Stipendiums. Gefördert werden vor allem die Spitzenkräfte von morgen – also besonders begabte und leistungsstarke Studierende. 2011 sollen bereits rund 10 000 unterstützt werden, wofür der Bund 10 Millionen Euro zur Verfügung stellt. Mittelfristig sollen bis zu 8 Prozent vom Deutschlandstipendium profitieren.

Förderprinzipien. Gefördert werden Studierende aller Nationalitäten in einem Erst-, Zweit- oder Ergänzungsstudium sowie Masterstudiengang. Doch erstklassige Noten allein reichen nicht. Vorausgesetzt wird zudem gesellschaftliches Engagement beispielsweise in Vereinen oder in der Hochschulpolitik, in kirchlichen oder politischen Organisationen sowie der Einsatz im sozialen Umfeld, in der Familie oder in einer sozialen Einrichtung. Berücksichtigt wird auch, wenn jemand Hürden überwindet, die sich aus seiner familiären oder kulturellen Herkunft ergeben.

Förderung. Die Stipendiaten werden mit je 300 Euro im Monat unterstützt – unabhängig von deren Einkommen und dem ihrer Eltern oder Ehepartner. 150 Euro steuert der Bund bei, die andere Hälfte kommt von privaten Förderern. Die Hochschule, an der der Stipendiat immatrikuliert ist, zahlt das Stipendium aus und muss die entsprechenden Mittel bei privaten Stiftern selbstständig einwerben. Die können außerdem zusätzliche Förderungen wie Praktika, Weiterbildungs- oder Informationsveranstaltungen anbieten.

Bewerbung. Die Hochschulen schreiben die Deutschlandstipendien öffentlich aus und informieren über deren Zahl und eventuelle fachliche Zuordnung sowie über die erforderlichen Nachweise und Unterlagen. Begabte Studierende und Studienanfänger können sich also direkt bei einer teilnehmenden Uni oder FH bewerben. Diese können das Auswahlverfahren frei gestalten, sie wählen die Stipendiaten aus und sprechen potenzielle Geldgeber an. Ziel des Stipendiums ist es, den Studierenden während der gesamten Regelstudienzeit den Rücken freizuhalten. Daher wird es für mindestens zwei Semester bewilligt. Im Anschluss prüft die Hochschule erneut, ob alle Förderkriterien erfüllt sind und nach wie vor private Mittel zur Verfügung stehen. Weitere Informationen dazu unter **www.deutschland-stipendium.de**.

Auslandsstipendien

Immer mehr deutsche Studenten zieht es ins Ausland, und das oft nicht mehr nur für ein oder zwei Semester, sondern für das gesamte Studium. Inzwischen haben Politik und Organisationen darauf reagiert. So kann mittlerweile ein ganzes Hochschulstudium innerhalb der EU und der Schweiz bis zum Abschluss mit BAföG und teilweise auch Stipendien gefördert werden. Wer da leer ausgeht, kann sich an andere Organisationen wenden, die Studierende während ihrer Auslandsaufenthalte unterstützen, wie beispielsweise den DAAD.

DAAD – Deutscher Akademischer Austauschdienst

DAAD ist die Abkürzung für Deutscher Akademischer Austauschdienst – eine Gemeinschaftseinrichtung der deutschen Hochschulen. Er wurde 1925 ins Leben gerufen, 1945 aufgelöst und im Jahr 1950 neu gegründet.

Förderprinzipien. Der Austauschdienst versteht sich als Mittler auswärtiger Kulturpolitik. Eine seiner Hauptaufgaben besteht darin, ausländische Studierende in Deutschland und deutsche Studenten im Ausland über Stipendien zu fördern. Dafür hat er 200 einzelne Förderprogramme im Angebot, die vorwiegend aus Bundesmitteln und von der EU finanziert werden. Die meisten DAAD-Programme basieren auf fünf strategischen Zielen. Eines davon ist, dass ausländische Nachwuchseliten gefördert werden sollen, um künftige Führungspersönlichkeiten in Wissenschaft und Kultur, Wirtschaft und Politik als Partner und Freunde für Deutschland zu gewinnen. Gleiches gilt natürlich für den deutschen Nachwuchs, damit der sich möglichst international qualifizieren kann. Außerdem soll die Internationalität und Attraktivität deutscher Hochschulen gefördert werden, damit Deutschland eine erstklassige Adresse für den wissenschaftlichen Nachwuchs aus aller Welt bleibt bzw. wird.

Förderung. Bei so vielen unterschiedlichen Programmen lässt sich schwer etwas pauschal zur ideellen oder materiellen Förderung durch den DAAD sagen. Vom kurzfristigen Austausch für Forschung oder Lehre bis hin zum mehrjährigen Promotionsstipendium ist für alle Fachrichtungen etwas dabei. Ein erheblicher Teil der DAAD-Arbeit entfällt auf die Betreuung der Stipendiaten. Dazu gehören Besuche der Fachreferenten, Einführungsveranstaltungen an den Hochschulen und vom DAAD organisierte Stipendiatentreffen sowie regelmäßige Betreuungsmaßnahmen. Auf der Internetseite des DAAD können Sie gezielt nach einem Stipendium suchen, das zu Ihnen passt, und sich durch die Stipendiendatenbank klicken. Neben Angeboten des Austauschdienstes finden sich dort auch die anderer Förderorganisationen. Suchkriterien sind unter anderem Fachrichtung, Zielland und Status. Neben der Förderung eines integrierten Auslandsstudiums vergibt der Austauschdienst beispielsweise Stipendien für Fach- und Sprachkurse, übernimmt einen Teil der Reisekosten von Praktikanten im Ausland und steuert auch bei Studiengruppenreisen etwas bei.

Bewerbung. Beim DAAD finden fast alle das Richtige: Studierende, Graduierte und Promovierte, deren Promotion nicht länger als zwei Jahre zurückliegt. Stipendien werden nie für Vollstudien im Ausland gewährt, sondern nur für einen begrenzten Zeitraum. Zudem werden Studienanfänger nie gefördert. Zum Zeitpunkt der Bewerbung müssen Sie mindestens im dritten Fachsemester sein. Einzelheiten zu den Voraussetzungen der Bewerbung und den Bedingungen stehen sowohl auf der Internetseite des DAAD als auch in der Broschüre „Studium, Forschung, Lehre im Ausland. Förderungsmöglichkeiten für Deutsche", die bei den Akademischen Auslandsämtern oder den Studentensekretariaten der Hochschulen eingesehen werden kann. Weitere Infos unter www.daad.de.

Da immer mehr Studierende einen Teil ihres Studiums im Ausland verbringen wollen, bietet auch die EU eine Reihe von Programmen an. SOKRATES/ERASMUS fördert beispielsweise den Dozenten- und Studierendenaustausch an europäischen Hochschulen. Wer sich dafür bewirbt, kann Geld für einen drei- bis zwölfmonatigen Auslandsaufenthalt bekommen. ERASMUS-Stipendiaten müssen im Ausland keine Studiengebühren bezahlen und erhalten einen Mobilitätszuschuss, der den mit einem Auslandsstudium verbundenen Mehrbedarf (teilweise) abdecken soll. Die dort erbrachten Studienleistungen werden zu Hause voll anerkannt. Wichtig zu wissen ist, dass solche Stipendien den steuerlichen Ausbildungsfreibetrag der Eltern nicht mindern. LEONARDO DA VINCI richtet sich vornehmlich an Studierende und Absolventen, die ein Unternehmenspraktikum im europäischen Ausland absolvieren möchten. Und das Programm TEMPUS sowie andere Drittlandprogramme fördern die Zusammenarbeit im Hochschulbereich mit Ländern, die nicht in der EU sind. Informationen zu allen Programmen bekommen Sie unter www.eu.daad.de und bei den Akademischen Auslandsämtern der Hochschulen.

Fulbright-Kommission

Die Fulbright-Kommission vergibt seit 1952 Stipendien für einen Studien-, Forschungs- oder Lehraufenthalt außerhalb der USA an Amerikaner und an Nichtamerikaner in den USA. Das Programm hat internationale Reichweite und ermöglicht den Austausch zwischen den Vereinigten Staaten und mehr als 180 Ländern weltweit. Pro Jahr nehmen über 4500 Stipendiaten teil.

Förderprinzipien. Das Anliegen der Organisation ist es, durch akademischen und kulturellen Austausch das gegenseitige Verständnis zwischen den USA und anderen Ländern zu fördern. Das besondere Merkmal des Deutsch-Amerikanischen Fulbright-Programms ist der Studentenaustausch.

Ideelle Förderung. Die Stipendiaten nehmen an einer Vorbereitungstagung teil, werden durch die Fulbright-Kommission betreut und bei Studienplatzwahl und Einschreibung an der amerikanischen Universität beraten. In den USA angekommen, haben sie die Möglichkeit, an speziellen Fulbright-Seminaren teilzunehmen. Pro Jahr werden über das deutsche Fulbright-Programm – übrigens das größte – bis zu 650 Stipendien vergeben.

Materielle Förderung. Wer mit einem Vollstipendium in das Fulbright-Programm aufgenommen wird, bekommt ein Rundum-Sorglos-Paket. Es stehen bis zu 30 400 Dollar für Lebenshaltungskosten und Studiengebühren zur Verfügung. Bei Teilstipendien sind es immerhin maximal 21 500 Dollar. Zusätzlich werden Reisekosten plus Gebühren für das Gesundheitszeugnis oder Sprachtests, die Kranken- und Unfallversicherung sowie die Visabeantragung übernommen.

Bewerbung. Grundsätzlich stehen die Stipendienprogramme allen Fachgebieten offen. Nur für Medizin und Rechtswissenschaften gelten Einschränkungen. Wer sich bewerben möchte, muss deutscher Staatsbürger sein: Deutschamerikaner haben also keine Chance auf eine Förderung. Ab dem dritten Fachsemester können sich Studierende und Graduierte an Unis bei den Akademischen Auslandsämtern der Hochschulen für ein Fulbright-Stipendium bewerben. Die leiten die Anträge an die Kommission weiter. Haben Sie Glück, folgen weitere Auswahlgespräche. Gefördert wird jeweils für ein akademisches Jahr, also für neun Monate. Bei der Bewerbungsfrist heißt es aufpassen: Die endet schon im Juni für eine Förderung im August des darauffolgenden Jahres. Weitere Informationen zu den Bewerbungsmodalitäten für Jahresstipendien finden Sie unter **www.fulbright.de**.

Jobben

Ohne Job kommen die wenigsten der knapp zwei Millionen Studenten in Deutschland finanziell über die Runden. Also arbeiten die meisten in ihrer Freizeit, ob als Kellner, studentische Hilfskraft, Taxifahrer oder Nachhilfelehrer. Laut 19. Sozialerhebung des Deutschen Studentenwerks jobben 66 Prozent der Studierenden neben dem Studium, durchschnittlich 13,5 Stunden die Woche. Im Schnitt verdiente ein Student im Jahr 2009 rund 9 Euro netto die Stunde. Studierende in postgradualen Studiengängen bekamen im Schnitt 3 Euro mehr. Für jeden Zweiten ist dieser Verdienst notwendig zum Überleben. Doch viele arbeiten einfach, um sich mehr leisten zu können.

Wichtige Infos

Egal ob Sie als Student neben dem Studium nur ein bisschen oder viel verdienen: Sie sind sofort mit einer Fülle von Fragen konfrontiert. Wie viel darf ich nebenbei arbeiten? Kann ich als Student einen Minijob annehmen? Was ist, wenn ich monatlich mehr verdiene? Wie sieht es bei Ferienjobs aus? Bin ich in dem Job sozialversicherungspflichtig? Was ist das Besondere an Werkstudenten? Und welche Auswirkungen hat das Jobben auf die Steuerpflicht? In diesem Kapitel finden Sie Antworten auf alle studentischen Fragen rund um die verwirrenden Regelungen der deutschen Sozialversicherung.

Nebenjob ist nicht gleich Nebenjob. Manche Beschäftigungsverhältnisse sind gerade deshalb für Studenten attraktiv, weil sie von Sozialabgaben befreit sind. Nämlich dann, wenn sie „geringfügig" sind. Unter diesen Begriff fallen die sogenannten Minijobs oder kurzfristige Beschäftigungen wie Ferienjobs. Für alle gelten jeweils andere Bedingungen, die auf den ersten Blick recht kompliziert erscheinen. Es ist aber wichtig, die Unterschiede zu kennen: Schließlich wollen Sie ja nicht mehr Steuern und Abgaben zahlen als nötig. Eltern sollten wissen, dass die Jobs ihrer studierenden Kinder Auswirkungen auf das Kindergeld oder den steuerlichen Kinderfreibetrag sowie den kindbezogenen Ortszuschlag bei Beschäftigten im öffentlichen Dienst haben können. Das ist dann der Fall, wenn ein Student pro Kalenderjahr mehr als 8 004 Euro verdient.

Rechte. Als Student haben Sie dieselben Rechte wie andere Arbeitnehmer. Dazu gehört der Anspruch auf Urlaub oder Lohnfortzahlung im Krankheitsfall. Das gilt auch dann, wenn sie vertraglich ausgeschlossen wurden, was im Übrigen unzulässig ist. Sind Sie länger als einen Monat bei demselben Unternehmen beschäftigt, steht Ihnen von Gesetzes wegen ein schriftlicher Vertrag zu, den Sie auch einfordern sollten. Denn bei einem Streit über Lohn oder eine plötzliche Kündigung ziehen Sie ohne richtigen Vertrag immer den Kürzeren. Werden Sie krank, haben Sie einen Anspruch darauf, dass der Lohn während dieser Zeit voll weitergezahlt wird. Das gilt sogar für Nebenjobs mit variierenden Wochenarbeitszeiten, wenn der Dienst bereits vereinbart war.

Steuern. Studenten, die mehr als 400 Euro im Monat verdienen, arbeiten in der Regel auf Lohnsteuerkarte. Diese stellt das Einwohnermeldeamt des Hauptwohnsitzes auf Verlangen aus. Üblicherweise werden Sie in Steuerklasse I veranlagt, wenn Sie alleinstehend sind und kein Kind haben. Bei mehreren Jobs gleichzeitig bekommen Sie auf dem Amt auch eine zweite und dritte Karte. Die sind jedoch der Steuerklasse VI zugeordnet, in der ein höherer Prozentsatz an Steuern abgezogen wird. Aus diesem

 Tipps für die Jobsuche

Es gibt mehrere Stellen, an denen Sie nach Nebenjobs suchen können. Am sinnvollsten ist es, in der Uni die Augen aufzumachen. Denn in der Regel hängen überall Schwarze Bretter, an denen Jobangebote veröffentlicht werden: in der Mensa, den Fachbereichen oder vor Studentensekretariaten. Dort werden auch Unijobs ausgeschrieben, beispielsweise für wissenschaftliche Hilfskräfte, die Hiwis. Diese Stellen ergattern allerdings in der Regel ältere Semester ab der Zwischenprüfung. Vieles läuft über Mundpropaganda, doch auch Internetbörsen oder der Anzeigenteil von Stadtmagazinen sind beliebte Orte für Jobangebote (→ „Internetadressen", Seite 189 ff.).

✱ So senken Sie Ihre Steuern

Das in einem Job verdiente Geld kann für Studenten schnell zum Problem werden. Steigt der Verdienst über 8 004 Euro, hält Vater Staat die Hand auf. Es sei denn, man nutzt die Sonderregeln, Freibeträge und Ausnahmen im deutschen Steuersystem.

Werbungskosten. Die haben nichts mit Werbung zu tun, sondern bezeichnen Ausgaben des Arbeitnehmers, die ihm im Zusammenhang mit seiner Arbeit entstehen. Also beispielsweise Fachliteratur oder Fahrtkosten. Selbst wenn die meisten Studis keine hohen Kosten haben, können sie ihr jährliches Einkommen dadurch um 1 000 Euro (seit 1. Januar 2011) drücken, denn so hoch ist der Arbeitnehmer-Pauschbetrag. Höhere Werbungskosten müssen einzeln nachgewiesen werden.

Vorsorgepauschale. Auch Beiträge zur Sozialversicherung und für eine Haftpflicht- oder Lebensversicherung lassen sich bis zu einem bestimmten Betrag anrechnen. Damit sinkt das zu versteuernde Jahreseinkommen weiter – dank der sogenannten Vorsorgepauschale. Was jemand für seine private Vorsorge absetzen kann, berechnet das Finanzamt individuell.

Sonderausgaben. Für Studenten sind die unbeschränkt abzugsfähigen Sonderausgaben besonders interessant. Darüber können nämlich Kosten für das Studium bis zu 4 000 Euro pro Jahr abgesetzt werden. Also beispielsweise der Semesterbeitrag oder Kosten für Kopien und Exkursionen. Kirchensteuer und Spenden gelten ebenso als Sonderausgaben. Um die beim Finanzamt geltend zu machen, müssen Sie fleißig Quittungen und Belege sammeln und der Steuererklärung beilegen.

Grund sollten Sie diese Karten bei den Jobs abgeben, die weniger gut bezahlt sind. Der Arbeitgeber führt Lohnsteuer und Sozialabgaben ans Finanzamt ab. Wie viel, lässt sich nicht pauschal sagen, da die Höhe unter anderem von der Steuerklasse und der Höhe des Verdienstes abhängt. Am Ende des Jahres werden die Beträge aller Steuerkarten zusammengerechnet.

Arbeiten Sie auf Lohnsteuerkarte, werden Steuern und Sozialbeiträge in der Regel erst einmal von Ihrem Verdienst abgezogen. Egal ob Sie als Student überhaupt zahlen müssen oder nicht. Wer mit seinem Jahreseinkommen unter 8 004 Euro bleibt, kann sich die Steuern mit einer Steuererklärung über den Lohnsteuerjahresausgleich zurückholen. Zu diesem sogenannten Einkommensteuerfreibetrag wird noch ein Werbungskostenpauschbetrag von 1 000 Euro (seit 1. Januar 2011) dazugerechnet. Damit ist also ein pauschales Einkommen von 9 004 Euro steuerfrei. Noch mehr ist es, wenn Sie höhere Werbungskosten nachweisen, beispielsweise durch Ausgaben für Bücher oder die Immatrikulationsgebühr. Daher gilt es, fleißig Belege zu sammeln, um diese nachzuweisen.

Hilfreiche Tipps rund um das Thema Steuern bietet der „Ratgeber für Lohnsteuerzahler", den Sie unter diesem Suchwort auf der Seite der Oberfinanzdirektion Hannover unter **www.ofd.niedersachsen.de** herunterladen können.

Werkstudentenprivileg. Das Besondere am Jobben neben dem Studium ist, dass im Gegensatz zu einem normalen Arbeitsverhältnis in der Regel keine Versicherungspflicht in der Kranken-, Pflege- und Arbeitslosenversicherung besteht. Dadurch sparen nicht nur Studierende Geld, sondern auch die Arbeitgeber. Dieses Prinzip wird „Werkstudentenprivileg" genannt. Doch aufgepasst: Diese Versicherungsfreiheit bezieht sich nur auf den Job, nicht auf die Person. Denn Studierende sind per se krankenversicherungspflichtig: ob über die studentische Pflichtversicherung, die Familienversicherung oder eine private Versicherung (→ „Krankenversicherung", Seite 11 ff.).

Das sogenannte Werkstudentenprivileg gilt übrigens nicht, wenn Sie ein Fern- oder Zweitstudium absolvieren, nur in Teilzeit studieren oder wenn Sie sich im 26. Fachsemester oder darüber befinden. Es gilt auch dann nicht, wenn Sie nach der erfolgreichen Abschlussprüfung einem Job nachgehen oder wenn Sie promovieren. Eine Ausnahme wird nur für Juristen gemacht, die nach dem ersten Staatsexamen weiterhin eingeschrieben bleiben, um zum Ver-

> **Werkstudenten**
>
> Als „Werkstudenten" werden Studierende bezeichnet, die neben dem Studium und klassischerweise in den Semesterferien in einem Unternehmen („Werk") arbeiten. Das wichtigste Kennzeichen ist, dass es sich um befristete Arbeitsverhältnisse handelt, bei denen die Werkstudenten häufig an Projekten mitarbeiten. Oftmals sind diese fachnah, was ihnen ermöglicht, ihr an der Uni erlerntes Wissen praktisch zu erproben und zu vertiefen.
>
> Allerdings ist das längst nicht immer der Fall. Werkstudent sein kann inzwischen auch heißen, einfache Aushilfs- oder Vertretungstätigkeiten zu verrichten. Im Grunde machen Werkstudenten also das Gleiche wie „normale" Beschäftigte eines Unternehmens auch.

besserungsversuch anzutreten („Freischuss"). Sie bleiben versicherungsfrei. Wer dagegen nach dem Bachelor einen Master in der gleichen Fachrichtung obendrauf setzt, auf den kann das Werkstudentenprivileg angewendet werden.

Es genügt übrigens nicht, dass Studierende immatrikuliert sind. Sie müssen auch „ordentlich studieren". Das ist dann gegeben, wenn Sie in punkto tägliche Beschäftigung überwiegend als Studierende und nicht als Arbeitnehmer anzusehen sind. Das wird an zwei Kriterien festgemacht: der wöchentlichen Arbeitszeit und der überwiegenden Beschäftigung in einem Zeitraum von einem Jahr. Die Höhe des Verdienstes spielt für die Frage der Versicherungsfreiheit oder -pflicht keine Rolle.

> **Ordentlich Studierende**
>
> Von einem „ordentlichen Studium" spricht man, wenn ein Student während der Vorlesungszeit unabhängig von der Höhe des Arbeitsentgelts nicht mehr als 20 Stunden in der Woche arbeitet. Wird die Beschäftigung lediglich in der vorlesungsfreien Zeit (Semesterferien) auf mehr als 20 Stunden ausgeweitet, ist sie auch in dieser Zeit versicherungsfrei. Gleiches gilt, wenn Studenten auf bis zu zwei Monate oder 50 Arbeitstage befristete Beschäftigungen während der Vorlesungszeit ausüben.

20-Stunden-Regel. Wer in der Vorlesungszeit nicht mehr als 20 Stunden pro Woche nebenher jobbt, gilt als ordentlicher Studierender und nicht als Arbeitnehmer. Sobald ein Studierender mehr arbeitet, geht der Staat davon aus, dass das Studium zweitrangig ist und der Job im Vordergrund steht. Das gilt jedoch nur für die Vorlesungszeit. In den Semesterferien können Studenten problemlos mehr arbeiten. Doch dann sind andere Regeln zu beachten. Wer in der Vorlesungszeit überwiegend außerhalb der regulären Studienzeit, also an den Wochenenden, abends oder nachts arbeitet, darf geringfügig über die 20-Stunden-Grenze kommen. In Einzelfällen können Studierende auch darüber hinaus versicherungsfrei bleiben, wenn es sich nur um eine kurzfristige Beschäftigung handelt.

26-Wochen-Regel. Ob ein Student versicherungspflichtig ist oder nicht, hängt nicht nur von der wöchentlichen Arbeitszeit ab. Auch auf das Kalenderjahr bezogen muss der Studentenstatus überwiegen. Daher zahlt auch, wer mehr als 26 Wochen – also 182 Kalendertage oder die Hälfte des Jahres – über 20 Stunden pro Woche kommt. In die Berechnung fließen nur Beschäftigungen mit mehr als 20 Wochenstunden ein. Ausgegangen wird vom voraussichtlichen Ende der Beschäftigung: Ab da werden die vorangegangenen zwölf Monate betrachtet.

Minijob

Die meisten Studenten arbeiten ohne Lohnsteuerkarte, da sie Minijobber sind. Diese Art von Job kann dauerhaft oder kurzfristig sein und gehört zu den geringfügigen Beschäftigungen. Im Volksmund werden Minijobs häufig 400-Euro-Jobs genannt, weil Arbeitnehmer monatlich bis zu 400 Euro brutto verdienen können, ohne dass Steuern oder Sozialabgaben fällig werden. Nur der Arbeitgeber muss pauschale Beiträge zahlen. Beim Verdienst zählt nicht jede einzelne Woche oder jeder Monat, sondern der Jahresdurchschnitt. Bis zu einer Höhe von 4 800 Euro pro Jahr können Sie also den vollen Verdienst behalten und müssen dem Staat nichts davon abgeben.

Die wöchentliche Arbeitszeit der Minijobber spielt keine Rolle mehr, seit die früher geltende Zeitgrenze von 15 Stunden pro Woche abgeschafft wurde. Deshalb eignen sich Minijobs besonders gut als Dauerbeschäftigung neben dem Studium. Dem Arbeitgeber ist freigestellt, ob er lieber pauschal Steuern zahlt oder den Minijobber auf Lohnsteuerkarte arbeiten lässt. Entscheidet er sich für Letzteres, kann es sein, dass Ihnen erst einmal Lohnsteuer vom Verdienst abgezogen wird. Das ist jedoch meist nur bei Steuerklasse VI der Fall. Das Geld können Sie sich dann über den Lohnsteuerjahresausgleich wieder zurückholen.

Pauschale Besteuerung. In der Regel verlangen Arbeitgeber jedoch bei einem 400-Euro-Job keine Lohnsteuerkarte und zahlen entweder eine einheitliche Pauschsteuer in Höhe von 2 Prozent des Entgelts an die Minijob-Zentrale oder eine pauschale Lohnsteuer von 20 Prozent (zuzüglich Solidaritätszuschlag und Kirchensteuer) an das Finanzamt. Voraussetzung für die Pauschsteuer ist, dass der Arbeitgeber für diese Beschäftigung Rentenversicherungsbeiträge zahlt. Neben der Lohnsteuer sind in den 2 Prozent auch der Solidaritätszuschlag und die Kirchensteuer enthalten, selbst wenn der Minijobber keiner Religionsgemeinschaft angehört. Trotz der Versicherungsfreiheit der studentischen Jobber müssen Arbeitgeber zusätzlich zu den 2 Prozent auch Pauschalbeiträge an die Kranken- und Rentenversicherung (KV/RV) zahlen, wenn die Studierenden gesetzlich versichert sind: 13 Prozent des Verdienstes für die Krankenversicherung (entfällt bei privat krankenversicherten Studenten) und 15 Prozent für die Rentenversicherung. Insgesamt also 30 Prozent. Eine Ausnahme gilt bei Minijobs in Privathaushalten: Hier zahlen Arbeitgeber nur jeweils 5 Prozent Kranken- und Rentenversicherung.

Arbeitgeber, die keine Beiträge zur Rentenversicherung zahlen müssen, können sich statt für die Pauschsteuer für eine pauschale Lohnsteuer in Höhe von 20 Prozent entscheiden (plus Solidaritätszuschlag und Kirchensteuer). In der Regel greift diese Variante, wenn jemand neben seinem Hauptjob noch einer Nebenbeschäftigung auf 400-Euro-Basis nachgeht. Dem Namen nach sind solche Beschäftigungsverhältnisse dann zwar immer noch Minijobs, sie müssen aber versicherungspflichtig bei der zuständigen Krankenkasse gemeldet werden. Die pauschale Lohnsteuer wird dann nicht an die Minijob-Zentrale, sondern an das Finanzamt gezahlt.

Privathaushalte. Nicht nur Unternehmen, sondern auch Privathaushalte können Minijobs vergeben. Passen Sie beispielsweise auf Kinder auf oder putzen privat für Geld, muss Ihr jeweiliger Arbeitgeber dieses Beschäftigungsverhältnis der Knappschaft Bahn See melden. Denn auch dafür werden Sozialabgaben fällig. Bei privaten Haushalten sind es jedoch nicht pauschal 30 Prozent, sondern nur 12 Prozent (2 Prozent Pauschsteuer, 5 Prozent Krankenversicherung, 5 Prozent Rentenversicherung). Damit soll Schwarzarbeit eingedämmt und es Privatleuten einfacher gemacht werden, Haushaltshilfen legal zu beschäftigen.

Einkommensermittlung. Haben Sie mehrere Minijobs gleichzeitig, sind Sie verpflichtet, alle Ihre Arbeitgeber darüber zu informieren. Der Verdienst aus geringfügigen Beschäftigungen wird nämlich zusammengerechnet und darf auch dann 400 Euro nicht übersteigen. Um sicherzugehen, dass keine Lohnsteuer vorzeitig abgezogen wird, sollten Sie beim Finanzamt eine Lohnsteuerbefreiung beantragen und den

Befreiungsbescheid allen Arbeitgebern vorlegen. Übrigens: Arbeiten Sie nebenher in einer gemeinnützigen Einrichtung als Übungsleiter, Erzieher, Betreuer oder pflegen alte Menschen, werden diese Einkünfte bis zu 2 100 Euro pro Kalenderjahr steuerlich nicht berücksichtigt.

Nur wenn unvorhergesehen oder gelegentlich (bis zu zwei Monate im Jahr) mehr Arbeit anfällt, dürfen Minijobber bis zu zweimal im Jahr über 400 Euro monatlich verdienen, ohne versicherungspflichtig zu werden. Darunter fallen beispielsweise Vertretungen im Krankheitsfall, die jedoch nachgewiesen werden müssen. Aufpassen heißt es auch beim Urlaubs-

••• Beispiele für Minijob-Berechnungen

Beispiel 1. Ein Student übt eine unbefristete Beschäftigung als Taxifahrer aus. Die wöchentliche Arbeitszeit beträgt während der Vorlesungszeit 18 Stunden, das monatliche Arbeitsentgelt 400 Euro. Während der Semesterferien arbeitet er 40 Stunden in der Woche und bekommt dafür 1 200 Euro pro Monat. Semesterferien sind in der Zeit vom 1. Juli bis 15. Oktober und 15. Februar bis 10. April.

Es besteht Versicherungsfreiheit in der Kranken-, Pflege- und Arbeitslosenversicherung, da die Beschäftigung des Studenten nicht mehr als 20 Stunden in der Woche umfasst und die Ausweitung der wöchentlichen Arbeitszeit auf mehr als 20 Stunden (hier: 40 Stunden) auf die Semesterferien beschränkt ist. Da sein regelmäßiger monatlicher Verdienst über 400 Euro liegt (im Rahmen eines Dauerarbeitsverhältnisses ist bei unterschiedlichen Arbeitsentgelten das durchschnittliche monatliche Arbeitsentgelt zu ermitteln), ist er hinsichtlich der Rentenversicherung durchgehend versicherungspflichtig. Er hat also weder während der Vorlesungszeit noch während der Semesterferien einen geringfügigen Minijob.

Beispiel 2. Eine Studentin arbeitet seit Jahren beim Arbeitgeber A für 18 Stunden pro Woche und bekommt dafür 800 Euro im Monat. Am 1. August nimmt sie eine weitere unbefristete Beschäftigung beim Arbeitgeber B mit einer wöchentlichen Arbeitszeit von 5 Stunden auf, wofür sie 220 Euro monatlich bekommt.

Bis zum 31. Juli unterliegt sie in der Beschäftigung bei A ausschließlich der Rentenversicherungspflicht, weil ihr monatlicher Verdienst über 400 Euro liegt. Die wöchentliche Arbeitszeit von unter 20 Stunden bedeutet hingegen Versicherungsfreiheit in der Kranken-, Pflege- und Arbeitslosenversicherung.

Ab 1. August: Durch Aufnahme der Beschäftigung beim Arbeitgeber B liegt sie ab August über der 20-Stunden-Grenze, wodurch sie versicherungspflichtig wird. Sie muss also in ihrer (Haupt-)Beschäftigung beim Arbeitgeber A ab diesem Zeitpunkt in allen Sozialversicherungszweigen Beiträge zahlen. Die Beschäftigung beim Arbeitgeber B bleibt für sie jedoch als erste geringfügig entlohnte Nebenbeschäftigung versicherungsfrei in der Kranken-, Pflege-, Renten- und Arbeitslosenversicherung. Ihr Arbeitgeber muss Pauschalbeiträge zur Kranken- und Rentenversicherung zahlen.

Quelle: www.minijob-zentrale.de

oder Weihnachtsgeld. Denn solche Sonderzahlungen werden anteilig auf alle Monate der Beschäftigung umgelegt. Steigt dadurch der durchschnittliche monatliche Verdienst über 400 Euro, werden sofort Steuern und Sozialabgaben fällig. Dann muss für die gesamte Beschäftigungszeit nachgezahlt werden. Wer mit einer Einmalzahlung über die 400-Euro-Grenze kommt und lieber versicherungsfrei bleiben möchte, kann bei seinem Arbeitgeber schriftlich darauf verzichten. Sie bleibt dann unberücksichtigt.

Mehrere Jobs. Viele Studierende kommen mit einem Minijob allein nicht klar und haben mehrere Jobs bei verschiedenen Arbeitgebern (gilt auch für freiwillige Praktika). Solange der Verdienst aus allen Jobs zusammen monatlich unter 400 Euro liegt, gibt es keine Probleme. In dem Moment, in dem Sie auch nur einen Euro mehr verdienen, werden alle wie ein einziger Job behandelt. Dann sind Sie nicht mehr geringfügig beschäftigt und müssen Sozialversicherungsbeiträge zahlen: ordentlich Studierende also in die Rentenversicherung. Anders sieht es aus, wenn Sie zusätzlich zu einem einzigen Minijob eine sozialversicherungspflichtige Beschäftigung bei einem anderen Arbeitgeber aufnehmen. Das hat keinerlei Auswirkungen auf die Sozialversicherungsbeiträge: Sie bleiben weiterhin versicherungsfrei. Wenn Sie aber einen zweiten Minijob zusätzlich anfangen, bleibt der erste weiterhin sozialversicherungsfrei, der Verdienst des zweiten wird aber mit der sozialversicherungspflichtigen Hauptbeschäftigung zusammengerechnet.

Obwohl Minijobs für Arbeitnehmer sozialversicherungsfrei sind, bieten sie einen gewissen Versicherungsschutz. Der umfasst zwar keine Ansprüche aus der Arbeitslosen- oder Pflegeversicherung, schließt aber die gesetzliche Unfallversicherung ein. Das heißt, dass Sie bei einem ordentlich gemeldeten Minijob gegen Arbeitsunfälle und Berufskrankheiten versichert sind. Außerdem haben Sie Anspruch auf Lohnfortzahlung im Krankheitsfall (→ „Wichtige Infos", Seite 148 ff.).

Niedriglohnjob

Da Studierende anteilig Beiträge in die Rentenversicherung zahlen müssen, sobald sie über 400 Euro monatlich verdienen, hat sich der Gesetzgeber etwas einfallen lassen und für einen monatlichen Verdienst zwischen 400,01 und 800 Euro den sogenannten Niedriglohnsektor geschaffen. Er wird auch Gleitzone genannt, da der Arbeitnehmerbeitrag zur Sozialversicherung nur gleitend ansteigt: von rund 11 Prozent bei 400,01 Euro bis auf rund 21 Prozent bei 800 Euro (bei Studenten entsprechend weniger, da die nur Beiträge in die Rentenversicherung zahlen müssen). Erst darüber hinaus werden in vollem Umfang Sozialbeiträge und Steuern fällig. Jobs in der Gleitzone werden übrigens Midijobs genannt. Im Gegensatz dazu müssen die Arbeitgeber ab 400,01 Euro sofort den vollen Beitragsanteil zur Sozialversicherung zahlen. Die geringere Bemessungsgrenze gilt übrigens nicht für Steuern: Die fallen ab 400,01 Euro regulär an, können aber über den Lohnsteuerjahresausgleich zurückgeholt werden.

> **Midijobs**
>
> Mit Wirkung zum 1. April 2003 hat der Gesetzgeber festgelegt, dass ein Job im Niedriglohnsektor bzw. in der Gleitzone vorliegt, wenn das daraus erzielte Arbeitsentgelt zwischen 400,01 und 800,00 Euro im Monat beträgt und diese Grenze regelmäßig nicht überschreitet. Seitdem ist in dieser Gehaltsspanne nur ein Teil des Lohns sozialversicherungspflichtig. Bei mehreren Beschäftigungsverhältnissen ist das Gesamtgehalt maßgebend.

Und wie weiß man nun, wie viel man als Niedriglohnjobber zahlen muss?

Arbeitgeber zahlen zunächst wie sonst auch die Hälfte der Beiträge zur Sozialversicherung, wohingegen der Anteil der Studierenden ab 400,01 Euro linear bis zu ihrer Hälfte ansteigt. Bei der Berechnung wird am unteren Ende der Gleitzone ein Gesamtsozialversicherungsbeitrag von 25 Prozent unterstellt, obwohl der normalerweise bei über 40 Prozent liegt. Aufgrund all dieser Sonderregelungen ist es nicht ganz einfach, das eigentliche Gehalt zu berechnen. Diese Aufgabe muss der Arbeitgeber übernehmen. Als Grundlage dient das sogenannte Bemessungsentgelt. Das ist Ihr ermäßigter Verdienst, über den die Höhe Ihres Beitrags zur Sozialversicherung berechnet wird. Die Formel dafür lautet:

Bemessungsentgelt = F × 400 + [(2 − F) × (AE − 400)]

„AE" steht für das monatliche Arbeitsentgelt, also den Bruttolohn. „F" ist ein Faktor, der sich ergibt, wenn die Pauschalabgabe bei geringfügiger Beschäftigung, also 30 Prozent, durch den durchschnittlichen Sozialversicherungsbeitrag aller Versicherten geteilt wird. Dieser liegt derzeit bei 40,35 Prozent (Stand: Juni 2011). Also beträgt „F" momentan 0,7435 (30 Prozent geteilt durch 40,35 Prozent). Hört sich kompliziert an und ist zugegebenermaßen auch nicht ganz einfach. Sie müssen sich jedoch nicht die Mühe machen, den Faktor F selbst auszurechnen. Er wird jährlich vom Bundesministerium für Arbeit und Soziales bekannt gegeben. Suchen Sie auf der Internetseite des Ministeriums unter **www.bmas.de** nach „Faktor F".

Wie berechnet man nun, wie viel Arbeitnehmer zahlen müssen?
Beispiel: Mal angenommen, Sie verdienen insgesamt 650 Euro im Monat, dann ergibt sich nach der Formel oben:

0,7435 × 400 + [(2 − 0,7435) × (650 − 400)] = 611,53 Euro

Dann wird, um Ihre Beiträge zur Sozialversicherung zu berechnen, nicht Ihr tatsächliches Einkommen zugrunde gelegt, sondern nur 611,53 Euro. Die weitere Berechnung des Sozialversicherungsbeitrags sowie des Arbeitnehmer- und Arbeitgeberanteils ist kompliziert. Wer genau wissen will, wie sich der Beitrag zur Sozialversicherung errechnet, sollte sich die Broschüre „Geringfügige Beschäftigung und Beschäftigung in der Gleitzone" auf der Seite des Arbeitsministeriums unter „Publikationen" bestellen: **www.bmas.de**. Oder aber seinen individuellen Beitragssatz anhand eines kostenlosen Gleitzonenrechners selbst ermitteln. Den bietet eine unabhängige Infobörse zur gesetzlichen Krankenversicherung im Internet unter **www.gleitzonenrechner.de** an.

So praktisch es ist, als Niedriglohnjobber nicht gleich die vollen Beiträge zur Sozialversicherung zahlen zu müssen, so kompliziert ist die Umsetzung der Gleitzone für die Unternehmen. Wenn Sie als Student zwei Jobs gleichzeitig haben, können beide Arbeitgeber nicht einfach die Gleitzonenregelung auf Ihr jeweiliges Gehalt anwenden. Denn die Höhe der Ermäßigung hängt vom Gesamtgehalt ab. Das heißt also, dass ein Arbeitgeber immer genau wissen muss, was der andere Arbeitgeber Ihnen jeden Monat zahlt. Es ist leider so kompliziert, wie es sich anhört. Haben Sie mehrere Jobs innerhalb der Gleitzone, muss jeder Arbeitgeber monatlich Ihr Bruttogehalt feststellen und Ihnen mitteilen. Daraufhin müssen Sie dessen Höhe an den jeweils anderen Arbeitgeber weiterleiten. Erst dann können Ihnen beide die Höhe Ihres Gesamtgehalts ausrechnen und überweisen.

Zu viel gezahlte Steuern können Sie sich nach Jahresende zurückholen – sofern Sie unter dem steuerlichen Freibetrag von derzeit 8 004 Euro plus Werbungskostenpauschbetrag, also 9 004 Euro geblieben sind. Der Verdienst aus mehreren Minijobs wird für die Lohnsteuer nicht addiert. Am Ende eines Monats bleibt in vielen Fällen bei einem Niedriglohnjob weniger übrig als bei einem Minijob.

Kurzfristige Beschäftigung

Weil während des Semesters oft wenig Zeit bleibt, suchen sich viele Studenten einen Job für die Semesterferien. Solche Ferienjobs zählen zu den kurzfristigen Beschäftigungen. Dabei gilt in der Regel: Ist die Beschäftigung bei fünf Arbeitstagen wöchentlich auf zwei Monate am Stück oder maximal 50 Tage pro Kalenderjahr befristet, werden keine Sozialabgaben fällig. Dabei ist es egal, wie hoch der Verdienst ist und wie viele Stunden pro Woche gearbeitet wird. Dauert er länger, müssen Sie doch Beiträge zahlen.

Solche Ferienjobs, also kurzfristige Beschäftigungen, sind zwar nicht sozialversicherungspflichtig. Aber Lohnsteuer will der Staat dennoch haben. Deshalb verlangen Arbeitgeber bei Ferienjobs in der Regel eine Lohnsteuerkarte von Ihnen. Bei einem Verdienst von bis zu 8 004 Euro im Jahr können Sie sich eventuell gezahlte Steuern am Jahresende über die Steuererklärung zurückholen (⇢ „Wichtige Infos", Seite 148 ff.).

> **Was ist kurzfristig?**
>
> Kurzfristig ist eine Beschäftigung dann, wenn sie auf zwei Monate oder 50 Arbeitstage im Kalenderjahr beschränkt ist. Wenn Sie also in den Semesterferien beispielsweise als Saisonkraft arbeiten, müssen Sie für diesen Job keine Beiträge zur Sozialversicherung zahlen. Auch für den Arbeitgeber fallen keine Pauschalbeiträge an.

Ist von vornherein geplant, dass diese Tätigkeit ein Dauerarbeitsverhältnis ist oder dass sie über einen längeren Zeitraum immer wieder erfolgt, ist es in steuerlicher Hinsicht keine kurzfristige Beschäftigung. Auch dann nicht, wenn die Voraussetzungen dafür sonst erfüllt sind.

Alternativ haben Arbeitgeber die Möglichkeit, für Ferienjobs pauschale Steuern in Höhe von 25 Prozent plus Solidaritätszuschlag und Kirchensteuer zu zahlen. Die können dann auf Ihre studentischen Schultern abgewälzt werden. Da pauschal gezahlte Lohnsteuern jedoch vom Staat nicht zurückerstattet werden, fahren Sie in der Regel besser, wenn Sie auf Lohnsteuerkarte arbeiten. Denn die meisten Studierenden verdienen so wenig, dass sie unter dem jährlichen Grundfreibetrag bleiben.

Wichtig: In puncto Sozialversicherung werden geringfügige und kurzfristige Jobs nicht zusammengerechnet. Das heißt also, dass Sie sowohl einen Minijob bis 400 Euro pro Monat während des Semesters als auch einen Ferienjob haben können, ohne Sozialbeiträge zahlen zu müssen. Bei mehreren kurzfristigen Beschäftigungen gilt diese praktische Regelung nicht (⇢ „Minijob", Seite 153 ff.) .

Studentische Hilfskraft

Grundsätzlich müssten Studierende bei allen Jobs, die nicht auf ein paar Wochen begrenzt sind und mehr als 400 Euro pro Monat einbringen, Lohnsteuer zahlen. Zusätzlich würden eigentlich noch Beiträge zur Sozialversicherung fällig. Um das zu verhindern, hat der Gesetzgeber Ausnahmen geschaffen, so auch für studentische Hilfskräfte an wissenschaftlichen Einrichtungen.

> **Tutorium**
>
> Ein Tutorium an einer Hochschule ist eine Lehrveranstaltung, in der ein fortgeschrittener Studierender mit den Teilnehmern Grundkenntnisse vertieft und -fertigkeiten einübt.

Ohne die sogenannten Hiwis geht an deutschen Hochschulen gar nichts mehr. Ihre Welt ist das Recherchieren, Ordnen und Kopieren, und sie erklären in Tutorien, was der Professor nicht deutlich genug rübergebracht hat. Für viele, die an der Uni Karriere machen wollen, ist es ein schwer zu ergatternder Traumjob. Doch solch eine Arbeit ist in gewisser Weise auch ein Luxus, den man sich erst einmal leisten können muss. Denn obwohl Hiwis als Tutoren und Helfer der Professoren unentbehrlich sind, werden sie in der Regel mit Hungerlöhnen abgespeist.

Eine Studie der Gewerkschaft für Erziehung und Wissenschaft (GEW) zu den Arbeitsbedingungen von studentischen Hilfskräften hat ergeben, dass deren Löhne seit zwölf Jahren stagnieren. Fünf Euro pro Stunde sind keine Seltenheit, in Hamburg liegen die Löhne seit Jahren bei rund acht Euro. Dennoch jobben derzeit rund 150 000 Studenten an deutschen Hochschulen. Lediglich in Berlin sind Hiwi-Jobs tariflich geregelt. In den anderen Bundesländern trösten sich weiterhin viele mit dem Gedanken, wenn nicht an der finanziellen, so doch wenigstens an der Uni-Karriere gebastelt zu haben.

> **» Tarifvertrag für Studis**
>
> Seit 2005 gibt es den ersten Tarifvertrag für studentische Beschäftigte an deutschen Hochschulen. Mehr Infos zu der studentischen Initiative, die das möglich gemacht hat, finden Sie auf der Seite www.tarifini.de. Ihr Ziel ist es, alle studentischen Beschäftigten an wissenschaftlichen Einrichtungen tariflich und arbeitsrechtlich abzusichern.

Doch wie sieht es nun mit den Ausnahmen für Hiwis aus? Für sie gilt grundsätzlich dasselbe wie für andere studentische Beschäftigungsverhältnisse. Wer nicht mehr als 20 Stunden pro Woche während des Semesters arbeitet, muss keine Beiträge zur Sozialversicherung zahlen. Studentische Hilfskräfte können jedoch pro Woche auch länger arbeiten und befreit bleiben, wenn die Arbeit „den Erfordernissen des Studiums angepasst und untergeordnet ist". Das gilt zum Beispiel für Arbeiten am Wochenende oder für Abend- und Nachtarbeit. Rentenbeiträge werden grundsätzlich ab 400 Euro fällig (→ „Minijob", Seite 153 ff.). Weitere Infos zu studentischen Beschäftigungsverhältnissen finden Sie auf der Internetseite www.students-at-work.de des Deutschen Gewerkschaftsbunds. Suchen Sie unter der Rubrik „Dein Job".

Praktikum

Streng genommen dient ein Praktikum dazu, in einen Beruf hineinzuschnuppern oder Erfahrungen zu sammeln. Es soll also dem beruflichen Fortkommen des Praktikanten dienen. Doch das hat sich gerade in letzter Zeit geändert. Heute ist alles ein Praktikum, was als solches bezeichnet wird. Viele Praktikanten dürfen nur kopieren, Kaffee kochen oder wochenlang einfache Tätigkeiten erledigen. Oder sie werden als billige Arbeitskräfte ausgebeutet, indem sie professionelle Arbeiten verrichten und dafür kein Geld sehen.

Besonders stark sind seit ein paar Jahren Akademiker betroffen, die nach Abschluss ihres Studiums keinen Job finden und deshalb weiterhin Praktika machen (müssen). Nach einer Studie des Deutschen Gewerkschaftsbundes geht der Anteil der unbezahlten Praktika zwar zurück. Allerdings sank der durchschnittliche Stundenlohn bei den

> **Generation Praktikum**
>
> Unter einem studentischen Praktikum wird grundsätzlich eine Tätigkeit in einem Unternehmen verstanden, die inhaltlich zur Studienrichtung passt und auf den bisherigen Studieninhalten aufbaut. Es dient als gute Ergänzung zur universitären Theorie und soll Einblicke in das zukünftige Berufsfeld geben. Heutzutage sind Praktika nicht nur ein Pluspunkt im Lebenslauf, sondern bereits obligatorisch für den späteren Berufseinstieg.

entlohnten auf 3,77 Euro. Daher sind mehr als drei Viertel auf zusätzliche finanzielle Unterstützung angewiesen.

Auch wenn vieles nicht ideal ist: Praktika vermitteln zwischen Theorie und Praxis und gehören mittlerweile zur gängigen akademischen Ausbildung. In einigen Studiengängen sind sie sogar verpflichtend. Sozialversicherungsrechtlich wird zwischen Pflichtpraktika und freiwilligen Praktika unterschieden. Machen Studenten ein Praktikum, das in der Studien- oder Prüfungsordnung vorgeschrieben ist, müssen sie keinerlei Sozialabgaben zahlen. Egal wie lange das Praktikum dauert, wie viele Stunden sie pro Woche arbeiten und wie viel Geld es dafür gibt. Für freiwillige Praktika gelten andere Regeln. Sie werden seit Mitte 2004 wie ein normales Beschäftigungsverhältnis behandelt und sind somit nur so lange sozialversicherungsfrei, wie der Verdienst unter 400 Euro liegt. Dann greifen die Bestimmungen für Mini- oder Niedriglohnjobs („Minijob", Seite 153 ff., und „Niedriglohnjob", Seite 158 ff.).

Die Sozialversicherungsfreiheit für Pflichtpraktika beginnt und endet mit dem ersten Studienabschluss. Da Sie vor und nach dem Studium kein immatrikulierter Student sind, gelten dann andere Regeln. Möchten Sie also beispielsweise

> **Verbotene Ausbeutung**
>
> Das Bundesarbeitsgericht hat 2003 entschieden, dass bei einem Praktikantenverhältnis ein Ausbildungszweck im Vordergrund stehen muss. Richter können sich also bei ihren Entscheidungen auf den zweiten Absatz des §138 BGB zu sittenwidrigen Rechtsgeschäften berufen. Danach darf sich niemand Vermögensvorteile verschaffen, „die in einem auffälligen Missverhältnis zu der Leistung stehen".

> **Nebenjobs auf einen Blick**
>
> Studierende, die monatlich nicht mehr als 400 Euro verdienen, müssen grundsätzlich keine Sozialabgaben zahlen. Gleiches gilt, wenn der Job kurzfristig, also auf zwei Monate oder 50 Tage im Kalenderjahr beschränkt ist.
>
> Für alle, die mehr arbeiten, fällt die Sozialversicherungsfreiheit weg. Bis auf eine Ausnahme: Studenten, die vor allem am Wochenende oder in Abend- und Nachtschichten gelegentlich mehr als 20 Stunden pro Woche arbeiten, bleiben auch darüber hinaus sozialversicherungsfrei.

> **Wo Sie Praktika finden**
>
> Praktikumsstellen werden an den Schwarzen Brettern der Universitäten oder in Praktikumsbörsen im Internet ausgeschrieben („Internetadressen", Seite 189 ff.). Weitere Infos dazu gibt es unter dem Suchwort Praktikanten auf www.minijob-zentrale.de oder auf der Seite www.students-at-work.de.

nach dem Ende Ihres Studiums ein Praktikum absolvieren, sind Sie voll sozialversicherungspflichtig. Gleichgültig, ob Sie dadurch bessere Chancen auf einen Berufseinstieg haben oder nicht.

Selbstständigkeit

In einigen Branchen arbeiten neben den regulären Arbeitnehmern viele sogenannte freie Mitarbeiter im Betrieb. Im Journalismus ist das schon lange gängige Praxis, in anderen Branchen war es eine Folge der Sparzwänge der letzten Jahre. Freie Mitarbeit bedeutet, dass der Arbeitnehmer kein Mitarbeiter des Unternehmens im eigentlichen Sinn ist, sondern selbstständig und sich somit auch selbst versichern muss. Der Arbeitgeber kann sich dadurch unter anderem die Beiträge zur Sozialversicherung sparen.

Einigen Sie sich mit Ihrem Arbeitgeber darauf, dass Sie nach getaner Arbeit eine Rechnung schreiben, sind Sie fortan freiberuflich oder selbstständig tätig. Das gilt auch bei Honoraren, die vertraglich vereinbart wurden. Sie sind dann kein Arbeitnehmer und haben weniger Rechte als ein Beschäftigter. Der Vorteil ist, dass Sie Ihren Lohn brutto ausgezahlt be-

> **Formen der Selbstständigkeit**
>
> Es gibt zwei Formen der Selbstständigkeit: Freiberufler und Gewerbetreibende. Ärzte, Künstler, Journalisten oder Wirtschaftsprüfer gehören beispielsweise zu den freien Berufen, die nicht der Gewerbeordnung unterliegen. Diese Freiberufler brauchen also keinen Gewerbeschein, um selbstständig zu arbeiten, und zahlen keine Gewerbesteuer. Sie müssen sich lediglich beim Finanzamt melden und bekommen dort eine Steuernummer. Im juristischen und einkommensteuerrechtlichen Sinn sind diese freien Tätigkeiten kein Gewerbe.
>
> Wer zwar selbstständig, aber nicht freiberuflich tätig ist, meldet ein Gewerbe an. Darunter fällt grundsätzlich jede wirtschaftliche Tätigkeit, die auf eigene Rechnung, eigene Verantwortung und auf Dauer betrieben wird, um damit Gewinn zu erzielen. Im engeren Sinne werden darunter produzierende und verarbeitende Tätigkeiten in Industrie und Handwerk verstanden. Ein Gewerbe muss generell bei der zuständigen Gemeinde an- und abgemeldet werden. Dafür bekommt man einen Gewerbeschein.

kommen und Steuern selbst an den Staat abführen müssen. Dafür haben Sie kein Recht auf dessen Fortzahlung im Krankheitsfall, sind nicht gesetzlich unfallversichert und müssen sich komplett selbst (sozial-)versichern.

Sie sollten Ihre Honorarjobs grundsätzlich in einem schriftlichen Vertrag regeln. Kommt es zu Unstimmigkeiten, können Sie Ihren Arbeitgeber so besser an die Abmachung erinnern und stehen nicht vollkommen schutzlos im Regen. Wer keinen Vertrag hat, sollte zumindest Art und Umfang der Leistung, Zeitpunkt der Abgabe und die Höhe des Honorars genau absprechen.

Freiberufler

Typische freiberufliche Jobs von Studenten sind Dozenten- oder Übungsleitertätigkeiten, die Arbeit als Nachhilfelehrer oder Reporter bei einer Lokalzeitung. Dadurch schlittern Studenten häufig in die Selbstständigkeit, ohne es überhaupt zu merken. Um freiberuflich oder selbstständig arbeiten zu können, braucht jeder eine Steuernummer. Die wird beim Finanzamt über das Formular „Aufnahme einer gewerblichen, selbständigen (freiberuflichen) [...] Tätigkeit" beantragt. Da das Ausfüllen nicht ganz einfach ist, wenn Sie sich noch nie mit der Materie beschäftigt haben, sollten Sie sich das Formular vorab von Mitarbeitern des Finanzamts erklären lassen.

Jeder Selbstständige ist verpflichtet, seine Steuern eigenständig ans Finanzamt abzuführen. Liegt der jährliche Umsatz unter 17 500 Euro brutto, kann die sogenannte Kleinunternehmerregelung in Anspruch genommen werden. Dann wird keine Umsatzsteuer fällig. Können Sie jedoch bereits am Anfang abschätzen, dass Sie voraussichtlich mehr verdienen werden und akzeptieren Sie die Umsatzsteuerpflicht, gilt diese mindestens für fünf Jahre. Das kann sich beispielsweise für denjenigen lohnen, der hohe Ausgaben für Investitionen hat. Man kann nämlich die erhaltene Umsatzsteuer mit den

Umsatzsteuerbeträgen verrechnen, die man selbst beim Kauf von Produkten oder Dienstleistungen an andere Unternehmen zahlt. Allerdings gibt es eine Reihe von Honorartätigkeiten, für die Sie von Ihren Kunden keine Umsatzsteuer verlangen können, da diese befreit sind. Sie müssen also gleich zu Beginn abschätzen, was besser für Sie ist. Keine leichte Aufgabe, doch auch hier kann Ihnen das Finanzamt helfen.

Jeder Selbstständige muss einmal im Jahr ausrechnen, welchen Gewinn er in den vergangenen zwölf Monaten gemacht hat. Das passiert über die Einkommensteuererklärung, die bis zum 31. Mai des Folgejahres abzugeben ist. Für Kleinunternehmer reicht eine einfache Einnahmenüberschussrechnung. Das heißt, der Gewinn errechnet sich aus Einnahmen minus Ausgaben. Haben Sie zusätzlich zur freiberuflichen Tätigkeit noch einen Minijob, müssen Sie die Einkünfte daraus ebenfalls angeben. Wer überhaupt keine Steuererklärung abgibt, für den schätzt das Finanzamt, wie viel Steuern er zahlen muss. Bei Studenten wird der steuerliche Grundfreibetrag von 8 004 Euro jährlich vom Gewinn abgezogen: Alles, was darüber liegt, wird besteuert.

> **Einkommensteuer**
>
> Wer in Deutschland Geld verdient, muss in der Regel Einkommensteuer an den Staat zahlen. Wie viel, hängt davon ab, wie hoch das zu versteuernde Einkommen ist, also wie viel jemand verdient. Zur Einkommensteuer zählen unterschiedliche Dinge, wie beispielsweise Lohnsteuer oder Kapitalertragsteuer.
>
> Vereinfacht lässt sich sagen: Selbstständige zahlen in der Regel Einkommensteuer an den Staat und Nichtselbstständige Lohnsteuer. Die Höhe richtet sich in beiden Fällen nach der Steuerklasse, die auf der Steuerkarte eingetragen ist. Kapitalertragsteuer wird beispielsweise auf Einkünfte aus Geldanlagen fällig.

Gewerbetreibende

Wenn Sie, um Ihr Studium zu finanzieren, nebenbei selbstständig, aber nicht freiberuflich tätig sind, müssen Sie ein Gewerbe anmelden. Das ist ein Fall für Ihre zuständige Gemeinde oder Stadt. Sie legt auch die Höhe der Gewerbesteuer fest und informiert das Finanzamt und die Industrie- und Handelskammer über das neue Mitglied. Es fällt übrigens erst dann Gewerbesteuer an, wenn Ihr jährlicher Gewinn 24 500 Euro übersteigt, was bei den wenigsten nebenberuflich arbeitenden Studenten der Fall sein wird. Es kann durchaus sein, dass Sie mehrfach während des laufenden Jahres Vorauszahlungen auf die Steuer leisten müssen. Das kann das Finanzamt individuell festlegen. Am Ende des Jahres muss auch jeder Gewerbetreibende eine Steuererklärung abgeben.

Selbstständige sind in der Regel nicht sozialversicherungspflichtig. Aus diesem Grund haben sie auch keinen Anspruch aus diesen Versicherungen. Das heißt für Studenten, dass sie sich freiwillig krankenversichern müssen, wenn sie die Voraussetzungen für eine studentische Krankenversicherung oder Familienversicherung nicht mehr erfüllen (⇢ „Kranken- und Pflegeversicherung", Seite 11 ff.).

Sozialleistungen

Kein Job, kein Anspruch auf BAföG, die Eltern wollen nicht mehr zahlen, mit dem Stipendium hat es auch nicht geklappt. Bleibt einem Studenten als letzter Ausweg dann nur noch die Sozialhilfe? Oder gibt es sonst irgendeine Möglichkeit, an Geld zu kommen, ohne einen Kredit aufnehmen zu müssen? In den meisten Fällen lautet die Antwort wohl eher Nein. Doch es gibt Ausnahmen.

Wohngeld

Das Konto ist leer, die Miete für das WG-Zimmer ist gerade angehoben worden. Da käme eine kleine Finanzspritze gerade recht. Sie haben schon einmal gehört, dass Studierende unter bestimmten Voraussetzungen Wohngeld bekommen können? Das ist nur zum Teil richtig. Grundsätzlich kann zwar jeder Bürger diesen Zuschuss zur Miete beantragen. Einige Gruppen sind jedoch von diesem Grundsatz ausgeschlossen. Dazu gehören auch Studierende, da sie theoretisch Anspruch auf BAföG haben. Trotzdem ist eine Förderung unter bestimmten Umständen möglich.

Um Wohngeld bekommen zu können, dürfen Studierende „dem Grunde" nach keinen Anspruch auf BAföG haben. Das ist dann der Fall, wenn sie:
- die Förderhöchstdauer für das BAföG überschritten haben,
- über 30 Jahre alt sind,
- ohne einen wichtigen Grund das Studienfach wechseln,
- keine Leistungsnachweise vorlegen können.

Es gilt nicht, wenn das Einkommen der Eltern zu hoch ist und Sie deshalb keinen Anspruch auf die staatliche Förderung haben. In dem Fall können Sie sich den Antrag auf Wohngeld gleich sparen, da die Unterhaltspflicht der Eltern eintritt. In allen anderen Fällen lohnt sich ein Antrag, selbst wenn Sie davon ausgehen, nie im Leben mit BAföG gefördert zu werden. Denn anhand des Ablehnungsbescheids kann die Wohngeldbehörde erkennen, dass Sie kein Recht darauf haben.

> **Wohngeld**
>
> Wohngeld ist eine staatliche Unterstützung für Bürger, die aufgrund ihres geringen Einkommens einen Zuschuss zur Miete oder zu den Kosten selbst genutzten Wohneigentums erhalten.

Wichtig: Das Wohngeldgesetz wurde zum 1. Januar 2009 reformiert, und diese Reform bringt allen Wohngeldempfängern mehr Geld. Zudem können neuerdings auch Haushalte mit einer Förderung rechnen, die bisher leer ausgingen. Für Studierende bedeuten die Neuerungen konkret:

- Wer **BAföG als Bankdarlehen** bekommt, kann seit dem 1. Januar 2009 einen Antrag auf Wohngeld stellen.
- Außerdem haben nun auch Studierende eine Chance auf Wohngeld, die dem Grunde nach **keinen BAföG-Anspruch (mehr)** haben.
- Wer dem Grunde nach **Anspruch auf BAföG** hat (und von der Förderung ausgeschlossen wäre) und mit **Kindern/Familienmitgliedern/Partner zusammenwohnt,** kann Anspruch auf Wohngeld haben, sofern die genannten Personen nicht vom Wohngeld ausgeschlossen sind, weil sie beispielsweise ALG II, Sozialgeld oder -hilfe beziehen.
- Bei Studierenden, die mit anderen (Nichtverwandten) in einer **Wohngemeinschaft** leben, kommt es zukünftig nicht mehr darauf an, ob gemeinsam gewirtschaftet wird oder nicht. Wer offiziell Mieter (oder Untermieter) der Wohnung ist, kann einen Wohngeldantrag stellen (sofern er nicht dem Grunde nach einen BAföG-Anspruch hat).

Es lohnt sich also für Studierende, auf die diese Bedingungen zutreffen, einen Antrag auf Wohngeld zu stellen. Ob es am Ende tatsächlich Geld gibt, ist wieder eine andere Frage. Was vor der Wohngeldnovelle war und auch so bleibt, ist, dass Studierende nur in bestimmten Ausnahmefällen auf einen

Wohngeldzuschuss hoffen können. Im Folgenden sind die oben genannten Neuerungen näher erläutert:

BAföG als Bankdarlehen. Wer BAföG als Bankdarlehen erhält, kann seit dem 1. Januar 2009 einen Antrag auf Wohngeld stellen. Ob man dann tatsächlich einen Zuschuss erhält, steht auf einem anderen Blatt. Denn im Gesetz wird lediglich die „Hilfe zum Studienabschluss" erwähnt (Wohngeldgesetz 2009, § 20 Abs. 2, Satz 2). Es dürften jedoch auch andere Förderungen durch Bankdarlehen darunter fallen.

Kein Anspruch auf BAföG. Neuerdings können auch Studierende Wohngeld bekommen, wenn sie keinen Anspruch (mehr) auf BAföG haben. Also wenn:
- die Ausbildung nicht förderungsfähig ist, weil ein Student beispielsweise an einer nicht staatlich anerkannten Privathochschule oder nur in Teilzeit studiert,
- die Fachrichtung zu spät oder aus einem Grund gewechselt wird, der nicht als wichtig anerkannt ist,
- ein Studierender über 30 Jahre alt war, als er das Studium begann, und kein Überschreiten der Altersgrenze gerechtfertigt ist,
- die Leistungsnachweise nicht rechtzeitig erbracht wurden,
- die Förderungshöchstdauer überschritten ist.

Anspruch auf BAföG und Zusammenleben mit Kindern/Eltern/Partnern. Neuerdings haben auch Studierende, denen BAföG dem Grunde nach zusteht, bessere Chancen, einen Wohngeldzuschuss zu bekommen. Und zwar dann, wenn sie:
- alleinerziehend sind und das Kind kein Sozialgeld bezieht,
- bei den Eltern wohnen, die keine Sozialleistungen erhalten,
- mit einem Partner zusammenwohnen, der BAföG als Bankdarlehen bezieht,
- mit einem Partner zusammenwohnen, der keine Sozialleistungen bezieht oder beziehen könnte,
- mit Kind und Partner zusammenwohnen, die kein Sozialgeld o. Ä. beziehen.

Wohngemeinschaft. Studenten, die in Wohngemeinschaften leben, müssen seit der Wohngeldnovelle nicht mehr so genau aufpassen. Bis zur Reform des Wohngeldgesetzes sahen die Ämter eine gemeinsame Wohnung gern als Wirtschaftsgemeinschaft an, so, als würden alle Mitbewohner ihre Einkünfte zusammenlegen und aus einem Topf leben. Da das in den allermeisten Fällen nicht der Realität entsprach, wurde diese Regelung nun geändert.

Wichtig: Wohngeld kann nicht für einzelne Personen beantragt werden, sondern nur für Haushalte. Da in einer Wohngemeinschaft in der Regel jeder seinen eigenen Haushalt führt, können alle Mieter (oder Untermieter) für ihren Anteil an der Wohnung einen gesonderten Antrag stellen, sofern sie

für Wohngeld in Betracht kommen. Wohnen Sie in einer WG und sind kein direkter Mieter (oder Untermieter), sind Sie überhaupt nicht wohngeldberechtigt. Übrigens wird in einer WG nie die komplette Miete berücksichtigt. Wohnen Sie also beispielsweise zu dritt in einer WG, die monatlich 600 Euro kostet, wird diese durch drei geteilt, und es zählt nur der Anteil von 200 Euro.

Wohngeld können Sie beim Sozialamt oder der Wohngeldstelle der Kommune beantragen. Wird Ihnen der Zuschuss zugebilligt, gilt er immer nur für ein Jahr, und er kann nicht rückwirkend gewährt werden. Wie viel Sie letzten Endes als Zuschuss bekommen können, hängt ab:

> **... Wer bekommt wie viel?**
>
> Es lohnt sich, früh dran zu sein, da der Wohngeld-Zuschuss erst ab dem Monat der Antragstellung und nicht rückwirkend gewährt wird. Informationen darüber samt Berechnungstabellen finden Sie auf den Seiten des Bundesministeriums für Verkehr, Bau und Stadtentwicklung unter www.bmvbs.de. Suchwort: Wohngeld.

- vom Alter und der Ausstattung der Wohnung,
- von der Höhe der Miete,
- von der Anzahl der Personen, die zum Haushalt zu rechnen sind,
- von der Einwohnerzahl der Gemeinde,
- von Ihrem Einkommen.

Der Zuschuss wird erst ab dem Monat der Antragstellung gewährt. Es empfiehlt sich also, damit nicht zu lange zu warten. Die vielen Nachweise, die beizufügen sind, können Sie später nachreichen. Wohngeld gibt es übrigens nur dann, wenn Sie mit Ihrem Einkommen unter der Höchstgrenze bleiben: 870 Euro bei einem Ein-Personen-Haushalt, 1190 Euro im Falle eines Zwei-Personen-Haushalts oder 1450 Euro bei einem Drei-Personen-Haushalt (Stand: Juni 2011). Grundsätzlich ist es also nur dann sinnvoll, einen Antrag zu stellen, wenn Sie als Student tatsächlich bedürftig sind. Bedürftig, aber wiederum nicht zu bedürftig. Denn auch wer zu wenig zum Leben hat, bekommt kein Wohngeld. Hintergrund ist, dass es lediglich ein Zuschuss zur Miete sein soll und nicht dazu gedacht ist, den sonstigen Lebensunterhalt zu finanzieren. Sie sollten also mindestens Einkünfte in Höhe von 350 Euro haben. Woher die kommen, ist egal. Sonst könnte das Amt misstrauisch werden und unterstellen, dass Sie Einkommen verschweigen. Es gibt sogar eine Verwaltungsvorschrift, die den Wohngeldstellen vorschreibt, genau das zu tun, wenn das Mindesteinkommen unter dem sozialhilferechtlichen Bedarf liegt. Übrigens: Wohngeld wird nur für „angemessenen" Wohnraum gewährt. Ihre Wohnung darf also nicht zu groß sein.

Doch wonach bemisst sich der Zuschuss? Ein Blick in die Wohngeldtabelle des Bundesministeriums für Verkehr, Bau und Stadtentwicklung sorgt für Aufklärung. Auf dessen Internetseite finden Sie unter dem Suchwort „Wohngeld" verschiedene Berechnungstabellen. Grundsätzlich gilt: je höher das Einkommen, desto geringer der Zuschuss. Dazu zählen übrigens auch Kindergeld, Unterhalt der Eltern sowie der BAföG-Zuschussanteil. Ein Beispiel aus der Tabelle für nur eine zum Haushalt zählende Person: Hätte ein Student ein Gesamteinkommen von 500 Euro im Monat und würde er 215 Euro Miete bezahlen, könnte er unter den oben genannten Voraussetzungen derzeit 83 Euro Wohngeldzuschuss bekommen (Stand: Juni 2011).

Stichwort: Wohnberechtigungsschein

Aufgrund ihres geringen Einkommens haben Studierende in der Regel Anspruch auf einen Wohnberechtigungsschein (WBS). Der WBS ist in Deutschland die Voraussetzung, um an eine mit öffentlichen Mitteln geförderte Sozialwohnung zu kommen. Er wird einkommensabhängig erteilt und ist jeweils für ein Jahr gültig. Derzeit darf eine Einzelperson über bis zu 12 000 Euro Jahreseinkommen verfügen (Stand: Juni 2011), für einen Zweipersonenhaushalt liegt die Grenze bei 18 000 Euro. Für jedes Kind erhöht sie sich um 500 Euro (in Berlin liegen die Einkommensgrenzen übrigens höher als im Bundesschnitt). Werden Sie noch von den Eltern unterstützt, wird zwar in manchen Fällen vermutet, dass Sie keinen selbstständigen Haushalt führen. Das lässt sich jedoch widerlegen. Dann öffnet sich durch den WBS die Tür zum öffentlich geförderten sozialen Wohnungsbau. Damit können auch Studenten an eine – in der Regel günstigere – Sozialwohnung kommen.

Sozialwohnungen werden nämlich vorwiegend an bestimmte Gruppen vergeben, wie beispielsweise an Familien mit mindestens einem Kind, die keine Wohnung oder zu wenig Platz haben. Oder an ein Paar, das keine eigene Wohnung hat, wenn eine Schwangerschaft ab der 14. Woche nachgewiesen ist. Auf dem Schein wird die zulässige Wohnungsgröße vom Amt festgelegt. Mehr Infos auf der Seite www.bmvbs.de unter dem Suchwort „Soziale Wohnraumförderung".

Sozialgeld

Auszubildende, deren Ausbildung im Rahmen des Bundesausbildungsförderungsgesetzes oder der §§ 60 bis 62 des Dritten Buches Sozialgesetzbuch (SGB III) dem Grunde nach förderungsfähig ist, haben keinen Anspruch auf Hilfe zum Lebensunterhalt. Sie können nur in besonderen Härtefällen eine Beihilfe oder ein Darlehen bekommen. Das heißt: Für Studierende gibt es in der Regel kein Sozialgeld.

> **Hartz IV**
>
> Gesetzliche Grundlage von Hartz IV ist das „Vierte Gesetz für moderne Dienstleistungen am Arbeitsmarkt", das zum 1. Januar 2005 in Kraft trat. Benannt nach seinem geistigen Vater Peter Hartz, regelt es die Zusammenführung von Arbeitslosenhilfe und Sozialhilfe auf dem Leistungsniveau der bisherigen Sozialhilfe.

In der deutschen Sozialhilfe-Landschaft hat sich seit Januar 2005 einiges geändert. Seitdem bekommen Bürger, die selbst nicht genug für ihren Lebensunterhalt aufbringen können, entweder das sogenannte Arbeitslosengeld II – im Volksmund auch Hartz IV genannt – oder Sozialgeld. Die frühere Arbeitslosenhilfe und Sozialhilfe wurden abgeschafft. Alleinstehende, die mit Hartz IV gefördert werden, bekommen am Anfang jedes Monats 364 Euro. Der Sozialhilfe-Regelsatz wurde zum 1. Januar 2011 angehoben und soll zum

1. Januar 2012 erneut steigen. Volljährige Partner bekommen jetzt jeweils 328 Euro. Kinder bis zur Vollendung des sechsten Lebensjahres erhalten 215 Euro, Kinder zwischen sieben und 14 Jahren 251 Euro und Jugendliche zwischen 15 und 25 Jahren 287 Euro. Miete und Heizkosten werden übernommen. Das gilt für Personen, die hilfebedürftig, zwischen 15 und 65 Jahre alt und erwerbsfähig sind. Sozialgeld gibt es nur noch für Personen, die überhaupt nicht arbeiten können. Ab dem 16. Lebensjahr wird genauso viel gezahlt wie beim Arbeitslosengeld II.

Leider nützt die Hartz-IV-Reform Studierenden wenig. Hatten sie bisher in der Regel keinen Anspruch auf Arbeitslosenhilfe und Sozialhilfe, gilt das nun entsprechend für die neuen Gesetze. Der Grund ist, dass der Staat davon ausgeht, mit dem BAföG schon genug getan zu haben. Und für die, die kein BAföG bekommen, könnten ja die Eltern aufkommen. Die Behörden vom Gegenteil zu überzeugen gestaltet sich bisweilen recht schwierig, wenn nicht gar unmöglich. Das Dilemma ist nämlich: Studierende sind zwar genau im richtigen Alter, können arbeiten und würden somit unter die Voraussetzungen für Hartz IV fallen. Sie stehen dem Arbeitsmarkt aufgrund ihres Studiums jedoch nicht vollständig zur Verfügung. Deshalb haben sie in der Regel weder Anspruch auf Hartz IV noch auf Sozialgeld.

Ausnahmen werden nur wenige gemacht, beispielsweise für Studierende mit Kind. Die haben – soweit eigenes Einkommen und Vermögen dem nicht entgegenstehen – Anspruch auf Sozialleistungen sowie auf Leistungen für „Mehrbedarfe". Das gilt für Urlaubssemester ebenso wie für die Zeit während des normalen Studiums. Für ihre Kinder können studierende Eltern Sozialgeld bekommen.

Eine weitere Ausnahme gilt für Studierende, die ein Urlaubssemester einlegen. Die sind in dieser Zeit nämlich nicht ordentlich immatrikuliert, stehen dem Arbeitsmarkt voll zur Verfügung und könnten somit Arbeitslosengeld II, also Hartz IV beantragen. Auch Studenten, die drei Monate lang aufgrund einer Krankheit nicht studieren können, haben theoretisch Anspruch darauf. Ab dem vierten Monat werden allerdings die BAföG-Zahlungen eingestellt, sofern man welche bekommt. Weitere Härtefälle gelten wie zu Zeiten der alten Sozialhilfe,

- wenn jemand kurz vor dem Abschluss steht und kein Geld mehr hat,
- jemand körperlich oder generell gesundheitlich sehr schwer eingeschränkt ist
- oder die Lebenssituation generell sehr atypisch ist.

Letzten Endes entscheidet das Sozialamt über Einzelfälle. Ein Härtefall liegt übrigens nicht vor, wenn Sie Ihr Studium abbrechen mussten, um über einen Job Ihren Lebensunterhalt zu finanzieren.

Vergünstigungen

Preisvergleiche und Sparen sind bei vielen Studenten schon zu einem regelrechten Sport geworden. Einkauf beim Discounter, Essen in der Mensa, Kino an Studententagen und Cocktails sowieso nur in der Happy Hour. Es gibt viele Möglichkeiten, um zu vermeiden, dass grundsätzlich gähnende Leere im Geldbeutel herrscht. Der Studentenausweis bietet am meisten Sparpotenzial. Allerdings sollten Sie ihn dafür immer griffbereit haben. Daneben gibt es weitere Tricks, um den Kontostand nicht schon in der Monatsmitte ins Minus rutschen zu lassen.

GEZ

Völlig egal, ob der Bildschirm immer schwarz bleibt oder Sie nur die Privaten gucken: Haben Sie in Ihrer Wohnung einen Fernseher oder ein Radio, müssen Sie grundsätzlich Rundfunkgebühren zahlen. GEZ ist die Abkürzung für die Gebühreneinzugszentrale, die die Gebühren im Namen der öffentlich-rechtlichen Rundfunkanstalten einzieht und notorischen Schwarzsehern mit hohen Geldstrafen droht.

Damit sind auch die meisten Studenten angesprochen. Das liegt daran, dass die Gebühren mit momentan 17,98 Euro monatlich für Radio und Fernsehen und 5,76 Euro nur für Radio oder ein neuartiges Rundfunkgerät wie einen PC oder ein Smartphone nicht von Pappe sind. Viele Studierende melden sich daher einfach nicht bei der GEZ an, wenn sie zu Hause ausziehen, und lassen es darauf ankommen. Doch manche Studenten können sich von der Rundfunkgebühr befreien lassen, was allerdings von Jahr zu Jahr schwieriger wird.

Nur in besonderen Härtefällen zeigt die GEZ noch Gnade – ein geringes Einkommen reicht nicht mehr! Seit dem 1. April 2005 sind die einzigen, die generell in dieser glücklichen Lage sind, BAföG-Empfänger, die nicht mehr bei ihren Eltern leben. Sie können sich grundsätzlich befreien lassen und brauchen dazu nur eine beglaubigte Kopie des BAföG-Bescheids. Auch Studierende, die während des Studiums bei den Eltern wohnen, die Rundfunkgeräte angemeldet haben, sind fein raus. Aber nur dann, wenn sie mit ihrem Einkommen unter dem Sozialhilferegelsatz für Haushaltsangehörige liegen (291 Euro seit 1. Januar 2011). Eine Ausnahme macht die GEZ in manchen Fällen auch für Stipendiaten. Da die aufgrund ihres Stipendiums kein staatliches Darlehen bekommen können, lohnt es sich für sie, bei der GEZ einen Härtefallantrag mit Hinweis auf § 2 BAföG zu stellen. Für alle anderen Studierenden ist eine Befreiung mittlerweile nahezu unmöglich. Dann bleibt nur Zahlen, denn Schwarzsehen ist keine Alternative.

> **✱ BAföG § 2 Ausbildungsstätten**
>
> (6) Ausbildungsförderung wird nicht geleistet, wenn der Auszubildende Leistungen nach den Regelungen der Länder über die Förderung des wissenschaftlichen und künstlerischen Nachwuchses oder von den Begabtenförderungswerken erhält.

Seit dem 1. Januar 2007 wird quasi auch der Letzte zur Kasse gebeten, der bisher durch das engmaschige Raster der GEZ fiel. Zu diesem Datum ist nämlich eine Gesetzesänderung in Kraft getreten. Seitdem sind auch andere Geräte, mit denen Fernsehempfang möglich ist, vom Grundsatz her gebührenpflichtig. Darunter fallen beispielsweise internetfähige Computer und Handys. Das heißt, dass selbst dafür Gebühren bezahlt werden müssen, wenn nicht schon zu Hause ein angemeldeter Fernseher steht. In einer WG oder Lebensgemeinschaft reicht es, wenn eine Person Geräte angemeldet hat.

Viele, die neu in eine Stadt ziehen, fragen sich, wie die GEZ an ihre neue Adresse gekommen ist, wenn sie einen Brief von der Zentrale im Briefkasten haben. Ganz einfach: Zum einen besorgt die sich Namen und Adressen von Programmzeitschrift-Abonnenten über Adresshändler. Zum zweiten

> **GEZ-Befreiung**
> Die Gebührenbefreiung wird immer erst für den Folgemonat ausgesprochen. Beginnt das Studium im Oktober und wohnen Sie bereits in einer eigenen Wohnung, sollten Sie den Antrag also bereits im September stellen. Es empfiehlt sich, darin anzugeben, dass Sie erst im folgenden Monat Geräte haben werden und diese erst dann zu kaufen oder aus dem elterlichen Haushalt nachzuholen. Anmelden können Sie sie auf der Homepage der GEZ unter www.gez.de.

melden die Einwohnermeldeämter Daten an sie weiter. So kann es also vorkommen, dass der GEZ-Mann oder die GEZ-Frau schnell an der eigenen Tür klingelt. Sie sind ihnen zwar zur Auskunft verpflichtet, müssen sie aber nicht in Ihre Wohnung lassen.

Wer seiner Zahlungspflicht ordnungsgemäß nachkommen möchte, muss den Antrag seit neuestem direkt an die GEZ stellen. Antragsformulare gibt es sowohl auf der Stadt- oder Gemeindeverwaltung als auch bei Banken, Sparkassen oder der Post. Oder aber Sie füllen den Antrag online auf der Seite der GEZ aus. Liegt noch kein BAföG-Bescheid vor, reicht die Ankündigung, diesen nachzureichen. Die Befreiung müssen Sie immer rechtzeitig verlängern. Vergessen Sie das, zahlen Sie in der Zwischenzeit.

Telekommunikation

Telekom-Sozialtarif

Ein Studierender, der noch nicht auf Call-by-Call oder eine Flatrate umgestellt hat und weiterhin über die Telekom oder einen anderen Kommunikationsanbieter telefoniert, dürfte die Telefonrechnung schon einige Male mit einem mulmigen Gefühl im Bauch geöffnet haben. Doch das muss nicht sein. Vergleichen Sie deshalb Studentenkonditionen verschiedener Anbieter. Sie können beispielsweise den Telekom-Sozialtarif beantragen. Den gibt es für alle, die eine GEZ-Befreiung haben und/oder BAföG erhalten. Es genügt, den Bescheid vorzulegen. Schon können Sie eine monatliche Gutschrift von 6,94 Euro auf Ihre anfallenden Gesprächskosten

> **Call-by-Call**
> Der englische Begriff bedeutet wörtlich Anruf-für-Anruf und bezeichnet die Möglichkeit, Telefongespräche oder eine Internetverbindung mittels eines anderen Anbieters zu führen als mit dem Vertragspartner, der den Telefonanschluss bereitstellt.

bekommen. Außer BAföG-Empfängern werden nur blinde, gehörlose oder sprachbehinderte Studierende mit einem Behinderungsgrad von mindestens 90 Prozent in Höhe von 8,72 Euro befreit.

Das heißt also, dass nicht – wie viele glauben – die Anschlussgebühr erlassen wird, sondern lediglich Gesprächsgebühren in Höhe von rund sieben Euro. Wird weniger telefoniert oder über andere Anbieter als die Telekom, dann verfällt die monatliche Gutschrift. Der spezielle Tarif wird immer für ein Jahr gewährt. Danach muss er neu beantragt werden. Vorsicht ist jedoch bei WGs geboten. Sie sollten alleiniger Anschlussinhaber sein, damit Sie problemlos die Gutschrift erhalten. Der Antrag wird direkt an die Telekom gestellt. Wenn Sie gleichzeitig die Befreiung von den GEZ-Gebühren beilegen, kann eigentlich nichts mehr schiefgehen. Um mehr darüber zu erfahren, geben Sie auf **www.telekom.de** das Suchwort „Sozialtarif" ein.

Internetzugang uni@home

Außer dem Telefon-Sozialtarif gibt es noch einen günstigeren Internetzugang bei der Telekom: uni@home. Dahinter steckt eine Initiative des rosa Riesen, der sich mittlerweile über 150 Hochschulen in Deutschland angeschlossen haben. Diese übernehmen die einmalige Bereitstellungsgebühr, wenn sich ihre Studierenden einen ISDN-Anschluss in die Wohnung legen lassen. Wer mit T-DSL online gehen oder sich per WLAN ins Netz einklinken will, kann dafür besondere Tarife und Gutschriften bekommen. Daneben gibt es noch günstigere Modems und Telefone. Ein guter Spartipp für all jene, denen die Rechner in der Uni nicht reichen: **www.unihome.de**.

Girokonto

Alle, die Geld von den Eltern bekommen, BAföG beziehen, nebenher jobben oder auch nur eine Überweisung tätigen wollen, brauchen ein eigenes Bankkonto. Die meisten Studienanfänger haben bereits ein Jugendgirokonto. Doch Studenten bekommen Extrakonditionen, über die sich viel Geld sparen lässt. Zuerst einmal sind die meisten Studentenkonten kostenlos: Es werden keine Kontoführungsgebühren erhoben. Außerdem gibt es bei vielen Banken die EC-Karte gratis dazu. Einige haben mit kostenlosen Kreditkarten oder Wertpapierdepots noch mehr in petto. Aktuelle Girokontentests finden Sie auf der Seite der Stiftung Warentest unter www.test.de. Oft ist mit 27 Jahren endgültig Schluss mit dem kostenlosen Girokonto, bei einigen Banken jedoch auch erst mit 30: ein Alter, das in Bankenkreisen anscheinend als biologische Höchstgrenze für Studenten gilt.

> **Alt oder neu?**
>
> Einige Studenten lassen ihr Jugendgirokonto einfach auf ein studentisches Konto umstellen. Bei den großen Banken können Sie es so in die Studienstadt „mitnehmen".
>
> Schwieriger gestaltet sich das bei Konten der Sparkassen oder Volks- und Raiffeisenbanken, da diese autark und ortsgebunden sind. In dem Fall lohnt sich die Eröffnung eines neuen Kontos, damit Sie vor Ort Zugriff auf Ihre Kontoauszüge haben. Oder Sie entscheiden sich für Online-Banking.

Studentenausweis

Ihren Studentenausweis sollten Studierende immer bei sich tragen. Er ist Gold wert – vor allem rund um die Uni: im Kopierladen, beim Buchhändler, Friseur oder im Schwimmbad. Auch bei kulturellen Einrichtungen lässt sich damit sparen. Denn viele Theater, Ausstellungen oder Kinos bieten Studenten Rabatte. Bei letzteren ist es recht einfach, diese zu bekommen. Wer jedoch verbilligte Eintrittskarten für Theater oder Oper ergattern will, braucht im wahrsten Sinne des Wortes ein gutes Stehvermögen. Viele Bühnen bieten zwar Studententickets an. Die gibt es jedoch oft nur als Restkarten an der Abendkasse.

Ein Studium verpflichtet, und so gehört Bildung schon morgens auf den Tisch. Eine Tageszeitung zum Frühstück und dann noch ein Nachrichtenmagazin, um den Überblick zu behalten. Das geht ganz schön ins Geld und ist für viele Studenten unbezahlbar. Die Zeitungen und Magazine in den Bibliotheken sind entweder nicht mehr da oder total zerfleddert, wenn man sie endlich in die Hände bekommt. Wer also ein bisschen Geld übrig hat, holt sich ein Studentenabo.
Die sind in der Regel im Vergleich zu den normalen Abonnements konkurrenzlos günstig. In vielen Fällen können Studenten bis zu 40 Prozent sparen. Weitere Infos dazu finden Sie auf den Internetseiten der jeweiligen Zeitschriften und Zeitungen.

Wen häufig das Fernweh packt, der braucht unbedingt den internationalen Studentenausweis (ISIC). Der Inhaber kann damit die Studententarife von etwa 80 Fluggesellschaften nutzen und auch im Ausland die Urlaubskasse schonen. Beispielsweise gibt es damit in über 100 Ländern über 40 000 Rabattangebote, verbilligte Unterkünfte, Eintrittspreise und Bahnfahrten. Viel Ersparnis für zwölf Euro Einsatz für den Ausweis, der bis zu 15 Monate gültig ist. Ausgestellt wird er vom Studentenwerk, AStA oder studentischen Reisebüros. Sie können ihn aber auch online auf www.isic.de beantragen.

Fahrpreisermäßigungen

An vielen deutschen Unis und Fachhochschulen haben Studierendenvertretungen erreicht, dass ein spezielles Semesterticket eingeführt wird. Für Studenten ist so ein Ticket eine wirklich preiswerte Alternative zum eigenen Auto. Vor allem, wenn die Hochschulstadt eine gute Bahnanbindung hat. In den meisten Fällen gilt das Ticket im gesamten Verkehrsverbund der jeweiligen Region für Bus, Bahn, S- und U-Bahnen. Der Preis dafür ist meist schon im Semesterbeitrag enthalten und nicht sehr hoch, da alle Studierenden einen Festbetrag zahlen müssen und das Ticket dadurch günstig wird. Am besten fragen Sie an der Hochschule nach, ob es auch in Ihrer Unistadt so etwas gibt.

Bei der Deutschen Bahn bekommen Studierende gegen Vorlage des Studentenausweises die BahnCard 50 für die Hälfte des regulären Preises – also im Moment für 118 Euro (Stand: Juni 2011). Allerdings nur, wenn sie nicht älter als 26 sind. Damit ist Bahnfahren für ein Jahr nur halb so teuer wie normal. Daneben können Studenten für Wochen- und Monatskarten für Reisen zwischen Wohn- und Studienort Ermäßigungen erhalten. Weitere Infos zur ermäßigten BahnCard auf www.bahn.de.

Service

Info-Adressen

Bundesministerium für Bildung und Forschung
Referat Öffentlichkeitsarbeit
Hannoversche Straße 28–30
10115 Berlin
Telefon: 0 30/18 57-0
E-Mail: information@bmbf.bund.de
www.bmbf.de

Cusanuswerk – Bischöfliche Studienförderung
Baumschulallee 5
53115 Bonn
Telefon: 02 28/9 83 84-0
E-Mail: info@cusanuswerk.de
www.cusanuswerk.de

Deutscher Akademischer Austauschdienst – DAAD
Kennedyallee 50
53175 Bonn
Telefon: 02 28/8 82-0
E-Mail: auslandsstudium@daad.de
www.daad.de

Evangelisches Studienwerk e. V. Villigst
Iserlohner Straße 25
58239 Schwerte
Telefon: 0 23 04/7 55-1 96
E-Mail: info@evstudienwerk.de
www.evstudienwerk.de

Friedrich-Ebert-Stiftung e. V.
Godesberger Allee 149
53175 Bonn
Telefon: 02 28/8 83-80 00
E-Mail: stipendien@fes.de
www.fes.de/studienfoerderung

Friedrich-Naumann-Stiftung für die Freiheit
Bereich Politische Bildung
und Begabtenförderung
Karl-Marx-Straße 2
14482 Potsdam
Telefon: 03 31/70 19-0
E-Mail: stipendium@freiheit.org
www.freiheit.org

Fulbright-Kommission
Deutsche Programmabteilung
Oranienburger Straße 13–14
10178 Berlin
Telefon: 0 30/28 44 43-0
E-Mail: gpu@fulbright.de
www.fulbright.de

Hanns-Seidel-Stiftung e. V.
Förderungswerk
Lazarettstraße 33
80636 München
Telefon: 0 89/12 58-0
E-Mail: info@hss.de
www.hss.de

Hans-Böckler-Stiftung
Abteilung Studienförderung
Hans-Böckler-Straße 39
40476 Düsseldorf
Telefon: 02 11/77 78-0
E-Mail: Dietrich-Einert@boeckler.de
www.boeckler.de

Heinrich-Böll-Stiftung e. V.
Studienwerk
Schumannstraße 8
10117 Berlin
Telefon: 0 30/2 85 34-400
E-Mail: studienwerk@boell.de
www.boell.de/studienwerk

Konrad-Adenauer-Stiftung e. V.
Begabtenförderung und Kultur
Rathausallee 12
53757 Sankt Augustin
Telefon: 0 22 41/2 46-0
E-Mail: zentrale@kas.de
www.kas.de

Adressen

Rosa-Luxemburg-Stiftung
Studienwerk
Franz-Mehring-Platz 1
10243 Berlin
Telefon: 0 30/4 43 10-223
E-Mail: studienwerk@rosalux.de
www.rosalux.de

Stiftung der Deutschen Wirtschaft e. V.
im Haus der Deutschen Wirtschaft
Breite Straße 29
10178 Berlin
Telefon: 0 30/20 33-15 40
E-Mail: studienfoerderwerk@sdw.org
www.sdw.org

Studienstiftung des deutschen Volkes e. V.
Ahrstraße 41
53175 Bonn
Telefon: 02 28/8 20 96-0
E-Mail: info@studienstiftung.de
www.studienstiftung.de

Allgemeine Verbraucherinformationen

Stiftung Warentest
Lützowplatz 11–13
10785 Berlin
Telefon: 0 30/26 31-0
Fax: 0 30/26 31-27 27
www.test.de

Verbraucherzentrale Bundesverband e. V.
Markgrafenstraße 66
10969 Berlin
Telefon: 0 30/2 58 00-0
Fax: 0 30/2 58 00-5 18
www.vzbv.de

Verbraucherzentralen

Verbraucherzentrale Baden-Württemberg e. V.
Paulinenstraße 47
70178 Stuttgart
Telefon: 07 11/66 91-10
Fax: 07 11/66 91-50
www.vz-bawue.de

Verbraucherzentrale Bayern e. V.
Mozartstraße 9
80336 München
Telefon: 0 89/53 98 70
Fax: 0 89/53 75 53
www.verbraucherzentrale-bayern.de

Verbraucherzentrale Berlin e. V.
Hardenbergplatz 2
10623 Berlin
Telefon: 0 30/21 48 50
Fax: 0 30/2 11 72 01
www.vz-berlin.de

Verbraucherzentrale Brandenburg e. V.
Templiner Straße 21
14473 Potsdam
Telefon: 03 31/29 87-10
Fax: 03 31/29 87-177
www.vzb.de

Verbraucherzentrale Bremen e. V.
Altenweg 4
28195 Bremen
Telefon: 04 21/16 07-77
Fax: 04 21/16 07-780
www.verbraucherzentrale-bremen.de

Verbraucherzentrale Hamburg e. V.
Kirchenallee 22
20099 Hamburg
Telefon: 0 40/2 48 32-0
Fax: 0 40/2 48 32-2 90
www.vzhh.de

Verbraucherzentrale Hessen e. V.
Große Friedberger Straße 13–17
60313 Frankfurt am Main
Telefon: 0 18 05/97 20 10 *
Fax: 0 69/97 20 10-50
www.verbraucher.de

**Neue Verbraucherzentrale in
Mecklenburg und Vorpommern e. V.**
Strandstraße 98
18055 Rostock
Telefon: 03 81/2 08 70-50
Fax: 03 81/2 08 70-20
www.nvzmv.de

Verbraucherzentrale Niedersachsen e. V.
Herrenstraße 14
30159 Hannover
Telefon: 05 11/9 11 96-0
Fax: 05 11/9 11 96-10
www.vzniedersachsen.de

Verbraucherzentrale Nordrhein-Westfalen e. V.
Mintropstraße 27
40215 Düsseldorf
Telefon: 02 11/38 09-0
Fax: 02 11/38 09-172
www.vz-nrw.de

Verbraucherzentrale Rheinland-Pfalz e. V.
Seppel-Glückert-Passage 10
55116 Mainz
Telefon: 0 61 31/28 48-0
Fax: 0 61 31/28 48-66
www.vz-rlp.de

Verbraucherzentrale des Saarlandes e. V.
Trierer Straße 22
66111 Saarbrücken
Telefon: 06 81/5 00 89-0
Fax: 06 81/5 00 89-22
www.vz-saar.de

Verbraucherzentrale Sachsen e. V.
Brühl 34–38
04109 Leipzig
Telefon: 03 41/69 62 90
Fax: 03 41/6 89 28 26
www.vzs.de

Verbraucherzentrale Sachsen-Anhalt e. V.
Steinbockgasse 1
06108 Halle
Telefon: 03 45/2 98 03-29
Fax: 03 45/2 98 03-26
www.vzsa.de

Verbraucherzentrale Schleswig-Holstein e. V.
Andreas-Gayk-Straße 15
24103 Kiel
Telefon: 04 31/5 90 99-0
Fax: 04 31/5 90 99-77
www.verbraucherzentrale-sh.de

Verbraucherzentrale Thüringen e. V.
Eugen-Richter-Straße 45
99085 Erfurt
Telefon: 03 61/5 55 14-0
Fax: 03 61/5 55 14-40
www.vzth.de

* Festnetzpreis 0,14 €/Minute;
  Mobilfunkpreis maximal 0,42 €/Minute

Internetadressen

Allgemeine Informationen
www.gew.de Gewerkschaft Erziehung und Wissenschaft: Bildungsgewerkschaft
www.hrk.de Hochschulrektorenkonferenz – Die Stimme der Hochschulen
www.sozialerhebung.de Infos zur Lage der Studierenden in Deutschland
www.studentenwerke.de Deutsches Studentenwerk
www.students-at-work.de Studieninfos des Deutschen Gewerkschaftsbunds
www.studis-online.de Informatives Studentenportal
www.wege-ins-studium.de Infos rund um das Studium

Studiengebühren
Baden-Württemberg: www.studiengebuehren-bw.de
und www.studieninfo-bw.de
Bayern: www.studieren-in-bayern.de
Berlin und Brandenburg: www.studieren-in-bb.de
Bremen: www.studiengebuehren.uni-bremen.de
Hamburg: www.wissenschaft.hamburg.de
Hessen: www.hmwk.hessen.de
Mecklenburg-Vorpommern: www.studieren-mit-meerwert.de
Niedersachsen: www.studieren-in-niedersachsen.de
und www.studienbeitraege.niedersachsen.de
Nordrhein-Westfalen: www.wissenschaft.nrw.de/studieren_in_nrw/
und www.bildungsfinanzierung-nrw.de
Rheinland-Pfalz: www.mbwwk.rlp.de/wissenschaft
Saarland: www.saarland.de/5513.htm
Sachsen: www.studieren.sachsen.de
und www.pack-dein-studium.de
Sachsen-Anhalt: www.studieren-in-sachsen-anhalt.de
Schleswig-Holstein: www.schleswig-holstein.de/wissenschaft
Thüringen: www.thueringen.de/de/tmbwk/wissenschaft/studium

Ausbildungsunterhalt
www.arbeitsagentur.de – Suchwort: Kindergeld
www.bmfsfj.de – Suchwort: Düsseldorfer und Berliner Tabelle
www.dz-portal.de Bundesamt für zentrale Dienste, Link: Kindergeld
www.gesetze-im-internet.de/bgb Bürgerliches Gesetzbuch

BAföG
www.das-neue-bafoeg.de BAföG-Infos des Ministeriums für Bildung und Forschung
www.bafoeg-rechner.de BAföG-Förderbetrag online berechnen
www.studis-online.de Infos rund um das Studium

Studiendarlehen

www.bildungsfonds.de Informationen zu Bildungsfonds der CareerConcept AG
www.bildungskredit.de Infos des Bundesverwaltungsamts
www.che-concept.de Studienkredit-Test 2010, Centrum für Hochschulentwicklung
www.deutsche-bank.de/studentenkredit Infos zum db StudentenKredit
www.deutsche-bildung.de Informationen zu Studienfonds der Deutsche Bildung GmbH
www.dkb-studenten-bildungsfonds.de Kredit der DKB Kreditbank AG
www.festo-bildungsfonds.de Bildungsfonds für technische u. ingenieurwissenschaftliche Studiengänge
www.haspa.de Studentenkredit der Hamburger Sparkasse
www.kfw.de Infos zum KfW-Studienkredit, Bildungskredit und Tilgungsrechner
www.l-bank.de Infos zur Studienfinanzierung der Staatsbank für Baden-Württemberg
www.lth.de Bank für Infrastruktur, Anstalt der Landesbank Hessen-Thüringen (Helaba)
www.nbank.de Infos zum Studienbeitragsdarlehen der Förderbank des Landes Niedersachsen
www.nospa.de CampusCredit der Nord-Ostsee-Sparkasse
www.nrw-bank.de Studienbeitragsdarlehen der NRW.BANK
www.spk-luebeck.de Bildungskredit der Sparkasse zu Lübeck
www.wk-hamburg.de Hamburgische Wohnungsbaukreditanstalt

Stipendien

www.boeckler.de Hans-Böckler-Stiftung
www.boell.de/studienwerk Heinrich-Böll-Stiftung
www.cusanuswerk.de Cusanuswerk – Bischöfliche Studienförderung
www.daad.de Deutscher Akademischer Austausch Dienst
www.deutschland-stipendium.de Förderprogramm des BMBF
www.e-fellows.net Online-Stipendium
www.eu.daad.de Infos zu Europäischen Förderprogrammen
www.evstudienwerk.de Evangelisches Studienwerk Villigst
www.fes.de Friedrich-Ebert-Stiftung
www.freiheit.org Friedrich-Naumann-Stiftung
www.fulbright.de USA-Stipendien
www.hss.de Hanns-Seidel-Stiftung
www.kas.de Konrad-Adenauer-Stiftung
www.rosalux.de Rosa-Luxemburg-Stiftung
www.sdw.org Stiftung der Deutschen Wirtschaft
www.stifterverband.de Übersicht Stiftungen der deutschen Wirtschaft
www.stiftungen.org Bundesverband deutscher Stiftungen
www.stipendiendatenbank.de Die größte Stipendien-Datenbank Deutschlands
www.stipendienlotse.de Stipendien-Datenbank des BMBF
www.stipendiumplus.de Übersicht der deutschen Begabtenförderungswerke
www.studienstiftung.de Studienstiftung des deutschen Volkes

Jobben
www.arbeitsagentur.de Stellenbörse der Bundesagentur für Arbeit
www.bmas.de Broschüre: Geringfügige Beschäftigung und Beschäftigung in der Gleitzone
www.elster.de Infos zur Steuererklärung
www.dgb-jugend.de Infos des Deutschen Gewerkschaftsbundes zu Ausbildung, Studium und Jobs
www.fairwork-ev.de Selbsthilfeverein Fairwork von und für Praktikanten
www.gleitzonenrechner.de Gleitzonenrechner der gesetzlichen Krankenkassen
www.jobpilot.de Europäische Stellenbörse
www.minijob-zentrale.de Infos zu Minijobs von der Knappschaft Bahn See
www.ofd.niedersachsen.de Suchwort: Ratgeber für Lohnsteuerzahler 2011
www.tarifini.de Tarifvertragsinitiative der studentischen Beschäftigten
www.unicum.de Studentenseite mit Praktikumsbörse

Sozialleistungen
www.bmvbs.de Bundesministerium für Verkehr, Bau und Stadtentwicklung, Suchwort: Wohngeld

Vergünstigungen
www.bahn.de Vergünstigte BahnCard 50 für Studierende
www.gez.de Gebühreneinzugszentrale der öffentlich-rechtlichen Rundfunkanstalten
www.isic.de Internationaler Studentenausweis
www.telekom.de Infos zum Telekom-Sozialtarif, Suchwort: Sozialtarif
www.test.de Stiftung Warentest, Suchwort: Girokonto
www.unihome.de Vergünstigter Internetzugang für Studierende

Stichwortverzeichnis

1 … 9
400-Euro-Job ⇢ Minijob

A
Amt für Ausbildungsförderung ⇢ BAföG-Amt
Anspruch auf staatliche Förderung ⇢ BAföG-Anspruch
Arbeitnehmer-Pauschbetrag ⇢ Werbungskostenpauschale
Arbeitsagentur/Agentur für Arbeit 75
Arbeitsamt ⇢ Arbeitsagentur
Arbeitslosengeld II ⇢ Hartz IV
Arbeitslosenversicherung 11, 151, 156
AStA 18, 27, 89, 184
Aufbaustudium 14, 26, 74, 77, 100, 109, 111, 129
Ausbildungsunterhalt ⇢ Unterhalt
Ausbildungsversicherung 107
ausländische Studierende 23, 29, 78 f., 102, 106, 109, 112, 116, 128 ff., 144
Auslandsämter, Akademische 94, 145 ff.
Auslandsaufenthalt 93 f., 111, 119 f., 126, 140, 144, 146
Auslandspraktikum 15, 90, 93 f., 112, 115, 146
Auslandsreise-Krankenversicherung 15
Auslandssemester ⇢ Auslandsstudien
Auslandsstipendien 144 ff.
Auslandsstudien 94 ff., 104, 129 ff., 145 f.

B
Bachelor-Studiengang, berufsbegleitender 33
BAföG 14, 71 ff., 76 ff., 95, 97 f., 109 ff., 127, 144, 148, 169 ff., 174, 176 f., 179 ff.
– Altersgrenze 80, 171
– Altersvorsorgevermögen 80
– -Amt 73 f., 79, 81, 83, 91
– Anspruch 78 ff., 91 ff., 171
– ausländische Studierende 78 f.
– bei Auslandsaufenthalt 93 f.
– bei Studienabbruch 91 f.
– elternabhängige Förderung 83
– elternunabhängige Förderung 73, 83 f.
– Fördersatz/Bedarfssätze 80 ff.
– Förderhöchstdauer 81, 87, 169, 171
– Härtefallregelung 85, 93
– Leistungsnachweise 80
– Mietkosten 80
– Rückzahlung 92 f.
– Stipendien 80
Bahnermäßigung 184
Barunterhalt ⇢ Unterhalt
Begabtenförderungswerke ⇢ Stiftungen
Berliner Tabelle 72
Berufsunfähigkeitsversicherung 19 f., 99
Bildungsfonds ⇢ auch Studiendarlehen 95 ff., 113 ff.
– mit verdienstabhängiger Beitragsrückzahlung 114, 117, 119
– mit verdienstunabhängiger Beitragsrückzahlung 114, 117 f., 120

Bildungsinländer 48, 109
Bildungskredit ⇢ auch KfW-Förderbank 106 f., 111 ff.
Bildungssparen 107
Bonität 31
Bonusguthaben 53
Bürgschaften 98, 116

C
Call-by-Call 180
CareerConcept-Fonds 96, 110, 114 ff.
Cusanuswerk 125, 134 f.

D
DAAD (Deutscher Akademischer Austauschdienst) 144 ff.
Darlehen ⇢ Studiendarlehen
Darlehen, staatliches ⇢ BAföG
Deutsche Bank Studenten-Kredit 102 ff.
Deutscher Akademischer Austauschdienst ⇢ DAAD
Deutschlandstipendium 142 f.
DKB-Studenten-Bildungsfonds 120 f.
Düsseldorfer Tabelle 70 ff.

E
Einkommensteuer 165, 167
– -erklärung 167
– -freibetrag 150 f.
Einnahmenüberschussrechnung 167
elterliches Einkommen 70 ff., 76 ff., 85, 89 f., 127
Ergänzungsstudien 74, 77, 138, 143
Erkrankung, chronische 29 f., 39, 41
Erststudium, gebührenfreies 23

Stichwortverzeichnis

Erwerbsminderung
⇢ Erwerbsunfähigkeit
Erwerbsunfähigkeit 19
Evangelisches Studienwerk
Villigst 125, 134 f.

F
Fachhochschule 8, 77, 86, 89, 92, 102, 106, 120, 128 f., 131 f., 134, 137 f., 184
Fahrpreisermäßigungen ⇢ Bahnermäßigung, Semesterticket
Fahrradversicherung 21 f.
Fahrtkosten
⇢ Werbungskosten
Familien- und Kindergeldkasse 75
Ferienjobs 148, 160 f.
Fonds, hochschulspezifische 118 f.
– Antrag 119
– Rückzahlung 119
Fondssparplan 107
Förderbanken der Bundesländer ⇢ Landesförderbanken
Freiberufler 165 ff.
freie Mitarbeit 165 f.
Friedrich-Ebert-Stiftung 125, 128 f.
Friedrich-Naumann-Stiftung 125, 130 f.
Fulbright-Stipendium 146 f.

G
Gasthörer 56 ff., 62 f., 74
Gewerbeschein 165
Gewerbesteuer 165, 167 f.
Gewerbetreibende 165, 167 f.
GEZ 8, 178 ff.
– -Befreiung 180 f.
Girokonto 182
Gleitzone ⇢ Niedriglohnsektor
Grundfreibetrag 85, 89, 161, 167

H
Haftpflichtversicherung, private 16 f.
Hausratversicherung 20 ff.
Hanns-Seidel-Stiftung 125, 131 f.
Hans-Böckler-Stiftung 125, 136, 138
Hartz IV 175 ff.
Heinrich-Böll-Stiftung 125, 132 f.

I
Internetzugang 10, 142, 181

J
Jobben 148 ff.

K
Kapitalertragsteuer 168
KfW-Förderbank 86 f., 95 f., 99 ff., 107, 111 ff.
– -Studienkredit 100 ff., 107, 111 ff.
Kinderfreibetrag 149
Kindergeld 13, 71, 74 f., 148 f., 174
Kleinunternehmerregelung 166
Knappschaft Bahn See 155
Konrad-Adenauer-Stiftung 125, 129 f.
Kranken- und Pflegeversicherung 11 ff., 71, 88, 127
– Befreiung von der Pflicht zur 12
– Familienversicherung 11 f.
– gesetzliche 11 ff., 81 f.
– private 11 ff., 81 f.
Kredit ⇢ Studienkredit
kurzfristige Beschäftigung
⇢ Ferienjobs

L
Landesförderbanken 96, 98, 108 ff.
Landeskinder-Regelung 37, 39, 42 f., 46, 52 f.
Langzeitgebühren
⇢ Langzeitstudiengebühren
Langzeitstudenten 13, 40, 49
Langzeitstudiengebühren 26 f.
Lebenshaltungskosten 8 ff., 25, 96 f.
Leistungspunktzahl (ECTS) 53 f., 80
Lernmittel 8, 10
Lohnfortzahlung im Krankheitsfall 149, 157
Lohnsteuer 150, 153 ff., 160 ff., 167
– -jahresausgleich 150, 153, 158
– -karte 149 f., 153 f., 161

M
Miete 8 f., 169 ff.
Minijob 11, 86, 148, 153 ff., 160 f., 164, 167
– -Zentrale 154 ff., 164

N
Nachversicherungsgarantie 20
Naturalunterhalt ⇢ Unterhalt
Niedriglohnjob 158 ff.
Niedriglohnsektor 158

O
Online-Stipendium
e-fellows.net 140 ff.

P

Persönlichkeitsgutachten 124 f.
Praktikum im Ausland ⇢ Auslandspraktikum
Praktikum 74, 77, 86, 90, 93 f., 106, 119, 138, 141, 163 ff.
Praktikumsentgelt 71, 86, 136 ff.
Promotion 77 f., 100, 115, 127, 129, 138, 145

R

Ratensparvertrag 107
Regelstudienzeit 68, 86
Rentenversicherung, gesetzliche 11, 19, 154 ff.
Restkredit-/Restschuldversicherung 98 f., 104, 107
Riester-Rente 80, 88
Rosa-Luxemburg-Stiftung 125, 133 f.
Rundfunkgebühren ⇢ GEZ

S

Schufa 102, 104
Selbstständigkeit 165 ff.
Semesterbeitrag 27 f., 150, 184
Semesterticket 27 f., 184
Senioren 23, 26
Sonderausgaben 84, 150
Sozialabgaben 75, 84, 148, 150, 153, 155, 157, 160, 164
– Befreiung von 148, 153, 160, 164
Sozialamt 173, 177
Sozialbeitrag ⇢ Semesterbeitrag
Sozialgeld 170 f., 175 ff.
Sozialleistungen 169 ff.
Sozialpauschale 80, 88
Sozialversicherung 11, 15, 18, 148, 150, 156 ff., 160 ff.

Sozialwohnung 174 f.
Sparkassenkredite 104 ff.
Steuererklärung ⇢ Einkommensteuererklärung
Steuerfreibetrag/steuerlicher Grundfreibetrag ⇢ Einkommensteuerfreibetrag
Steuern 88, 149 ff., 157 f., 160 f., 165 ff.
Stiftung der Deutschen Wirtschaft 125, 139 f.
Stiftungen 128 ff., 113 f., 116, 122 ff.
– konfessionelle 134 ff.
– ohne Selbstbewerbung 136 ff.
– parteinahe 128 ff.
– wirtschaftsnahe 139 ff.
Stipendium 122 ff.
– Förderhöhe 126 f.
Studentenausweis 178, 182 ff.
– internationaler (ISIC) 184
StudentenKredit ⇢ Deutsche Bank StudentenKredit
Studentenstatus 16
Studentenwerk 8, 18, 27 f., 87, 89, 101, 184
Studentenwohnheim 9
studentische/wissenschaftliche Hilfskraft 148 f., 162 f.
Studienabbruch 91 f., 115, 119, 177
Studiendarlehen 95 ff.
– Antrag 101, 103, 108, 110, 113, 119
– Auszahlbetrag 99, 101
– Rückzahlung 96, 98, 100 ff., 106, 108 ff., 112 ff.
– Zinssatz 99 ff., 103, 106 ff., 112, 115
Studienfachwechsel 68 f., 81, 91 f., 99, 137, 169, 171

Studiengebühren 8, 23 ff., 71, 94 ff., 103, 105, 108 ff., 113 ff., 120, 126, 146 f.
– an ausländischen Hochschulen 94, 126, 146
– besondere 33
Studienguthaben 39 f., 47, 52, 54, 62
Studienkonto 27
Studienkredit ⇢ auch Studiendarlehen 25, 31, 95, 97 ff.
Studienortwechsel 28, 61
Studienstiftung des deutschen Volkes 125, 136 f.

T

Telefonvergünstigung ⇢ Telekom-Sozialtarif
Telekom-Sozialtarif 180 f.
Tutorium 162

U

Umsatzsteuer 166 f.
Unfallversicherung 11, 17 f., 20, 28, 147, 157, 166
– private 17 f.
Unterhalt 66 ff., 81 ff., 175 ff.
– der Eltern 66
– Bar- 69 f., 72
– Maß des 70 ff.
– Natural- 69 f.
– Unterhaltspflicht 66, 71 ff., 83, 170
– Verwandten- 66
– Vorausleistungsverfahren bei 74
Urlaubs- und Weihnachtsgeld 156 f.
Urlaubssemester 100, 176

V

Vergünstigungen für
  Studenten 8, 14, 75, 178 ff.
Vertrauensdozenten 123 f.,
  128, 131, 133, 137 ff.
Verwaltungskosten/-gebühr
  25 f.
Verwandtenunterhalt
  ⇢ Unterhalt, Verwandten-
Vorsorgepauschale 150
VR-BildungsFinanzierung
  107 f.

W

Wechsel der Fachrichtung
  ⇢ Studienfachwechsel
Wechsel der Uni
  ⇢ Studienortwechsel
Weiterbildungsstudium
  ⇢ Aufbaustudium
Werbungskosten 88, 150 f.
  – -pauschbetrag
    75, 150, 160
Wohnberechtigungsschein
  (WBS) 174 f.
Wohngeld 169 ff.
  – -stelle 173 f.
Wohnheim
  ⇢ Studentenwohnheim

Z

Zeitschriften-/Zeitungsabo
  142, 179, 183

Notizen

Notizen

Impressum

Herausgeber

Verbraucherzentrale Nordrhein-Westfalen e. V.
Mintropstraße 27
40215 Düsseldorf
Telefon: 02 11/38 09-555
Fax: 02 11/38 09-235
E-Mail: publikationen@vz-nrw.de
www.vz-nrw.de

Mitherausgeber

Verbraucherzentrale Bundesverband e. V.
Verbraucherzentrale Baden-Württemberg e. V.
Verbraucherzentrale Hamburg e. V.
Verbraucherzentrale Niedersachsen e. V.
(Adressen → Seite 187 f.)

Text	Sina Groß, Mainz
Koordination	Wolfgang Starke
Lektorat	Mendlewitsch + Meiser, Düsseldorf
Fachliche Betreuung	Elke Weidenbach
Layout und Produktion	punkt 8, Berlin
Titelbild	ImagePoint AG, Zürich
Illustrationen	Jamiri (Jan-Michael Richter), Essen
Druck	WAZ-Druck GmbH & Co. KG, Duisburg

Redaktionsschluss: August 2011